KB091005

스마트 워커의
성공과 실패를
결정하는 1%

시간
관리법

김지현 지음

BM (주)도서출판 성안당

저는 20대 초반 대학에 입학한 이후 50이 될 때까지 정말 다양한 일을 해왔습니다. 제 젊은 추억을 돌아보면 남들보다 시간을 5배는 압축해서 살았다고 자부합니다. 우선 30년 동안 책 50권을 집필했고, 스타트업, 국내 대표적인 ICT 기업 그리고 대기업에서 초고속으로 승진해 임원을 역임했습니다. 강연도 2,000회 넘게 하면서 이 분야에서는 톱으로 손꼽히는 인기 강사이기도 합니다. 또한 EBS부터 홈쇼핑에 이르기까지 다양한 방송 출연 경험과 자문, 컨설팅을 포함해 충주대학교와 카이스트 경영대학원의 겸직 교수까지 했으니 남들보다 확실히 다른 경력을 쌓아왔습니다.

제 전문 분야는 인터넷 비즈니스와 디지털 트랜스포메이션 그리고 기업 혁신과 디지털 마케팅, 변화 관리에 이르기까지 다양합니다. 그중 가장 자신 있는 영역이 바로 시간 관리, 스마트 워크입니다. 제 삶의 경험에 녹아든 내공이기 때문에 자신 있게 이야기할 수 있고, 이 분야는 제 성과가 증명을 해주기 때문에 전문적인 식견을 가지고 있다고 자부할 수 있습니다.

그런데 지난 30년의 과거를 돌아보며 제가 시간 관리를 잘 해올 수 있었던 비결을 진단하면, 제가 가진 성실함이나 지식 그리고 적절한 디지털 도구를 잘 활용할 수 있는 능력이 다가 아니었습니다. 사실 제 시간 관리의 가장 큰 비결은 남들보다 더 많은 시간을 투입하고 집중할 수 있는 환경이었습니다. 즉, 아이가 없다 보니 저만의 시간을 많이 가질 수 있었고, 집안일을 신경쓰지 않고 온전히 일에 집중할 수 있는 '여유'가 제 시간 관리를 가능하게 했던 핵심 요소였던 것이죠.

그런 제게 도무지 시간 관리를 꿈에도 꿀 수 없도록 만든 존재가 생긴 것이 3년 전입니다. 늦은 나이에 아들이 생기다 보니 시간 관리의 달인으로 가졌던 자부심은 여지없이 깨지더군요. 한마디로 변수의 연속이었습니다. 뭐든 계획대로 되는 일은 없고, 책상에 10분 집중해서 앉아 있을 시간조차 없었습니다. 그렇게 제 시간 관리는 '아이'라는 변수 하나에 처절하게 무너져 버렸죠. 거기에 집안일까지 신경 써야 하다 보니 제 스스로 자부했던 전문 영역인 시간 관리가 아예 불가능하더군요. 즉, 시간 관리를 위해 필요한 최소한의 시간이나 집중력이 보장될 수 없는 상황이었습니다.

그런 제가 다시 시간 관리 책을 집필하게 된 것은 어떤 연유일까요? 바로 그 변수를 극복할 수 있었기 때문입니다. 2021년 여름 동안 저는 총 3권의 책을 집필했고, 추가로 2권을 계약했습니다. 여전히 회사 업무로 바쁜 와중에 무려 1년에 5권의 책을 집필할 수 있었던 것은 제가 새로운 혜안을 얻었기 때문입니다.

이렇게 도저히 불가능할 것 같은 가혹한 환경에서 시간 관리를 제대로 할 수 있었던 것은 두 가지가 핵심입니다.

첫째, 고도의 집중력을 언제든 1분 안에 자유롭게 불러들일 수 있는 장치와 둘째, 모든 일을 몽땅 온라인 즉, 클라우드에 올려 둔 온택트 시스템 덕분입니다.

물론 가장 기본은 일에 대한, 삶에 대한 태도입니다. 내가 처한 환경과 상황을 어떻게 받아들이느냐에 따라 앞의 두 가지 핵심 요소는 무용지물이 되기도 하고, 훌륭한 조력자 역할을 하기도 합니다. 결국 원효대사의 해골물 이야기처럼 사람은 내 마음가짐에 따라 같은 상황도 다르게 해석하고 수용합니다. 그러니 앞의 두 가지 핵심적 요소 이전에 일, 업무에 대한 내 마음의 태도가 희망적이어야 함이 먼저입니다.

아무튼 기존에는 일에 집중하기 위해서 마냥 기다렸다면 이제는 언제 어디서든 즉시 집중할 수 있는 정신력이 생겼습니다. 아이가 투정부리고 징징대는 거실에서도 아이를 어르고 달래면서 아이패드를 열고 5분만에 메일을 읽고 쓸 수 있게 되었고, 아이에게 밥을 먹이면서 다이닝 룸에서 노트북으로 갑자기 떠오른 아이디어를 메모할 수 있게 되었습니다. 또 아이가 낮잠을 자는 자투리 1시간 동안 컴퓨터 앞에 앉아 10페이지가 넘는 문서를 작성할 수 있는 내공이 생긴 것이죠. 단 그런 마음을, 집중력을 불러들일 수 있는 자유 의지는 이를 도와주는 여러 장치와 도구들을 마련해 두었기에 가능했습니다.

더 나아가 제 머릿속에 기억과 데이터, 지식을 온라인에 연결함으로써 필요할 때 즉시 꺼내어 쓸 수 있는 '스마트 워크 시스템' 덕분입니다. 즉, 기존에 사용하던 것보다 더 강력하고 다양한 디지털 기기들과 소프트웨어를 활용해서 업무를 보다 효율화할 수 있게 되었습니다. 구글 독스를 통해 동료들과 문서 작성과 편집, 검토, 피드백을 줌으로써 회의를 여는 횟수를 줄이고 시간을 더 줄일 수 있게 되었고, Slack(슬랙)을 이용해 프로젝트 진행 내역과 과정, 이슈를 늘 관련된 이해관계자에게 실시간으로 공유하고 의견을 들을 수 있음으로써 업무를 효율화할 수 있게 되었죠.

이 책은 총 30개의 시간 관리를 도와주는, 제 실전 경험을 기반으로 한 실천 팁을 다루고 있습니다. 여러분의 인생에 여유를 찾고, 더 나은 생산성을 줄 수 있는 '스마트 워크'의 길잡이가 되어 드릴 것입니다.

내 인생에 변수가 아닌 상수가 되어 버린 아들 범준과 사랑하는 아내 지원과 함께 세상에 빛을 보게 된 이 책의 탄생을 자축합니다. 특히 다시는 책 쓸 여유나 일에 집중할 수 있는 자신감이 없을 줄 알았는데 새로운 가능성을 내려준 하늘에 감사를 드립니다.

그리고 미래의 스마트 워커로 잘 성장 중인 유정과 유진 그리고 재희에게 이 책이 작은 도움이 될 수 있기를 바랍니다.

| Contents |

I 디지털 시대의 스마트 워크   18

Ⅱ 시간 관리의 관점 바꾸기   54

Contents

III 시간 관리의 십계명

136

Contents

IV 시간 관리를 도와주는 도구들

224

24 시간 관리를 위한 기기와 사물 227

Contents

I

디지털 시대의
스마트 워크

'새 술은 새 부대에'라는 말처럼 새로운 시대가 오면 새로운 삶의 태도를 필요로 한다. 디지털 시대는 이제 새로울 것도 없다. 오히려 갈수록 디지털은 우리 일상 깊숙하게 침투하며 사회, 산업 전 분야에 걸쳐 영향을 주고 있다. 특히 우리의 일하는 방식, 문화에도 디지털로 인해 기존과 다른 변화와 혁신이 만들어지고 있다. 사실 10년 전만 해도 여러분이 읽고 있는 이 책 한 권을 만들기 위해 출판사와 저자는 최소 10번 이상의 만남이 있어야 했다. 책 기획안에 대한 사전 검토와 계약 그리고 중간 원고와 최종 탈고한 원고를 종이로 주고받으면서 검토하고 협의하는 과정이 대부분 대면 회의로 이루어졌다. 하지만 이제 이 책 한 권을 쓰는데 모든 미팅이 온라인으로만 있었고, 원고의 전달과 검토도 모두 이메일과 디지털 문서를 통해서만 이루어졌다. 심지어 필자는 출판사 기획, 편집장과 한 번도 얼굴을 보고 만난 적이 없을 정도다. 그렇게 우리가 일하는 방식은 디지털 속에서 이루어지고 있다. 디지털 시대에 더 똑똑하게 일하려면 어떻게 해야 할까?

1

직원이 더 스마트하게
일하게 만들려면

2020년의 코로나19는 전 세계를 마비시켰다. 이동을 멈추고 집에 강제 격리되어 경제 활동을 해야 하면서 뉴노멀이 일상을 지배하게 되었다. 변화에 거부감과 거북함이 있어도 수용할 수밖에 없는 것이 현실이 되었다. 이 변화에 적응하기 위한 기업들의 움직임도 본격화되고 있다. 출근없이 집에서 일하는 재택근무나 온라인으로 만나는 원격회의, 대면 없는 전자결재 등의 시스템 지원과 프로세스의 개선을 통해 업무 생산성을 유지하기 위한 개선이 이루어졌다. 1년 간의 강제 실험 후 우리에게 남겨진 것은 무엇일까?

| 시스템과 제도, 프로세스의 개선 |

줌(ZOOM)이나 웹엑스(Webex)로 회의를 하고, 집에서 보고서를 작성하고, 전자 결재하는 재택근무가 업무 생산성에 실질적으로 도움을 주었을까? 기업마다, 부서마다, 직책마다 그리고 개인마다 서로 다른 장단점을 이야기한다. 그 이유는 무엇일까?

회사에서의 일이라는 것은 혼자 하는 것이 아니다. 여러 명이 서로 다른 역할을 맡은 부서와 상호 작용하며 함께 하는 곳이 회사다. 또한 회사에 따라 제도와 업무 프로세스, 의사 결정 체계 그리고 리더십이 모두 다르다. 그러다 보니 재택근무라는 것이 각각의 회사마다 효과가 서로 다르기 마련이다.

심지어 코로나19 이전부터 재택근무를 독려하던 회사 중에는 과거로 회귀한 기업들도 다수다. ICT 기업들은 전통 기업들과 달리 상대적으로 재택근무에 대한 호응이 좋을 것이라 생각하는데 오히려 더 거북하게 여기는 경우도 있다. 그만큼 회사에 나와서 대면해 일하는 방식이 아닌 재택근무나 원격근무에 대한 평가는 회사는 물론 CEO 등의 경영진의 리더십과 같은 회사라도 시기에 따라서 다양하다.

그렇다면 왜 그렇게 각자 모두 재택근무에 대한 평가가 다른 것일까?

함께 모여 일하는 전통적인 방식이 아닌 온라인을 통해 연결되어 일하는 방식은 그저 줌이나 드롭박스(Dropbox), 구글 독스와 같은 온라인 협업툴을 도입한다고 해서 성과를 내는 것은 아니다. 달라진 일하는 방식에 맞춰 도구 외에 회사의 제도, 업무 프로세스와 의사 결정 체계 그리고 리더십 등 회사의 시스템 전반적인 것들도 후행적으로 변화해야 한다.

일례로, 원격근무로 일을 하려면 그에 맞는 도구가 필요한 것 외에 그런 도구를 잘 쓸 수 있는 환경의 지원도 함께 이뤄져야 한다. 회사에서 지급한 성능이 떨어지는 노트북으로는 각종 온라인 협업툴을 실행하는 데 속도가 느리다면, 그렇지 않아도 온라인 회의 등이 불편한데 더 큰 불편함으로 업무 능률이 오를 리 없다. 또한 회사의 보안 규정으로 인해서 집에 있는 성능 좋은 컴퓨터로 회사 인트라넷에 연결해 결재를 하고 공유 문서를 볼 수 없다면, 재택근무가 원활하게 될 리가 없다. 평소 리더가 대면 보고를 수차례 거치면서 업무 보고를 받고, 저녁 술자리 등을 통해서 업무 관련 논의를 하고 의사 결정을 위한 정보를 수집한다면 온라인 회의를 선호할 리도 없고, 그렇게 회의를 진행하면 합리적인 의사 결정을 하기 어려울 것이다. 기본적으로 달라진 일하는 방식은 새로운 제도와 리더십을 필요로 한다.

스마트 워크를 위한 다양한 도구와 기기가 구축된 집무실

| 스마트 워크 리더십의 필요성 |

그중에서도 가장 중요한 것은 리더
십의 변화이다. 회사의 일처리는 리더가 주최하는 회의를 통한 의사
결정과 지시를 통해서 이루어지는 것이 태반이다. 이를 위해 수많은
보고서 작성과 업무 회의가 이루어지고 그 과정에서 결재와 의사 결
정, 보고, 지시가 수없이 반복된다. 그 과정의 상당 부분이 온라인으
로 처리된다면, 당연히 그 모든 것을 결정하는 주체인 리더가 온라인
도구와 원격근무에 익숙하고 능숙해야 한다. 바로 그것이 스마트 워크
리더십이다.

스마트 워크 리더십은 크게 세 가지의 기본 조건이 필요하다.

첫째, 온라인 협업툴 사용에 솔선수범해야 한다. 대개의 리더는 회사의 젊은 구성원들 대비 ICT 기술이나 인터넷 서비스에 거부감을 갖거나 사용에 익숙하지 않은 경우가 대부분이다. 또한 기존에 사용하던 툴에 적응되어서 새로운 툴의 사용에 거북함이 있는 경우가 많다. 업무 생산성을 높이기 위해서는 새로운 온라인 협업툴을 찾아 나서고, 우리 조직에 맞는 툴을 선별해 적극적으로 도입하는 데 앞장설 수 있어야 한다. 툴의 도입에서 그치지 않고 그 툴이 실제 업무에 적용되어 사용될 수 있도록 솔선수범해서 사용해야 한다. 리더가 사용하지 않으면 구성원들도 흉내만 낼 뿐이다. 인터넷 기술이 꾸준하게 진화하며 새로운 것이 출시되는 것처럼 온라인 협업툴도 종류가 많고 새로운 서비스도 탄생한다. 우리 회사 업무 특성에 맞는 협업툴을 다양하게 검토, 적용해 생산성을 향상시킬 수 있도록 도전적으로 나서야 한다.

둘째, 개인을 넘어 우리의 시간을 관리해야 한다. 재택근무의 본질은 늘 인터넷을 통해 모든 구성원이 연결되어서 일한다는 것이다. 즉, 네트워크에 ON되어서 일하는 것이기에 오히려 기존보다 구성원들이 언제, 무엇을 하는지, 업무 진척도가 어떤지를 수시로 알 수 있다. 만일 재택근무 때문에 구성원들이 일하지 않고 노는 것 아닌가 걱정이 든다면 늘 연결되어 일하는 원격근무 시스템을 제대로 구축하지 못하고 있거나, 리더가 그런 시스템을 이해하지 못하고 사용하지 못하는 탓이다. 사무실 자리에 앉아 있는 것을 눈으로 보거나 즉시 언제든 불러서 업무 현황을 체크할 수 있어야 일하고 있다고 생각하는 리더 라면 재택근무와 같은 방식을 애초에 수용할 수가 없는 마음가짐인 것이다. 원격근무는 오히려 구성원들에게 묻지 않아도 업무 진행 현황을 언제든 확인하고 업무 지시나 코멘트할 수 있는 장점을 가진다. 그러려면 연결되어 일하는 구성원들의 업무 내역과 시간을 체계적으로 파악하고 관리할 수 있어야 한다.

셋째, 시스템의 비효율성을 제거할 수 있어야 한다. 혼자 일하지 않는 이상 회사에서 일하게 되면 일하는 방식이 서로 시너지가 나도록 하기 위해서 중재와 회사의 시스템적인 지원이 필수적이다. 즉, 제 아무리 혼자 똑똑하게 일하고 싶어도 함께 일하는 직장에서는 어우러져서 스마트하게 일할 수 있는 회사 차원의 제도와 시스템적인 뒷받침이 중요하다는 것이다. 리더는 바로 이 지점을 찾아서 모든 구성원들이 스마트하게 일할 수 있는 환경을 조성할 수 있어야 한다.
그러려면 개인을 넘어 조직 전체의 일하는 과정에서 비효율적인 것이 무엇인지를 찾아내 그걸 제거할 수 있는 스마트 워크 시스템을 구축할 수 있어야 한다. 어떤 제도, 규정을 바꿔야 하고 어떤 협업툴을 도입하고, 회의 체계를 바꿔야 하는지에 대해서 진단할 수 있어야 한다.

| 일하는 문화의 중요성 |

생산적인 업무의 시작은 적절한 시스템 그 다음으로는 리더의 솔선수범이며, 마지막은 모든 구성원들의 참여이다. 구성원들 모두가 스마트 워크에 동참하기 위해서는 그런 문화가 만들어져야 한다. 즉, 일하는 문화를 혁신해야 한다. 스타트업에서 일하는 것과 대기업에서 일하는 것 그리고 글로벌 기업에서 일하는 것이 모두 다르다. 비록 같은 사람이 일하더라도 그 사람이 이 세 곳의 직장에서 일하는 방법은 다르며, 그에 따라 생산성도 달라진다. 그 이유가 바로 일하는 문화가 다르기 때문이다.

아무리 회사의 시스템과 리더가 스마트 워크를 위한 준비를 갖추었다고 해도 회사의 일하는 문화가 받쳐주지 못한다면 실질적 성과를 얻기 어려울 것이다. 스마트 워크를 위한 문화는 구성원들이 적극적으로 의견을 제시하고 주도적으로 업무에 임하는 분위기 속에서 만들어진다. 자기 완결적으로 혼자 일하는 경우와 달리 회사에서 함께 일하는 경우에는 나 혼자 아무리 스마트 워크를 하더라도 상대의 일하는 방식이 다르거나 상사가 이를 수용하지 않으면 말짱 도루묵이다. 좀 더 빠른 업무 처리를 위해 클라우드에 문서를 저장해 공유하고, 구글 독스나 오피스365, 에버노트와 같은 실시간 문서 작성 툴을 이용하고, 대면 회의보다 줌 등을 활용한 화상 회의를 하려고 해도 상사가, 동료가 화답하지 않으면 말짱 도루묵이다.

적응하기 쉽지 않은 노트북으로 하는 화상 회의(출처: zoom.us)

    그만큼 회사에서의 시간 관리는 개인의 역량 문제로 국한할 수 없다. 스마트 워크를 전사적으로 확대하기 위해서는 개인 역량을 넘어선 기업의 시스템적인 지원을 필요로 한다. 그 시스템에는 제도와 인프라, 규정도 있지만 일하는 문화가 가장 중요하다. 스마트 워크에는 스마트한 도구가 필요하고, 그 도구는 항상 고정적이지 않다. 기술이 발전하면서 새로운 도구가 만들어지기 때문에 더 나은 스마트 워크를 위해서는 새로운 도구를 찾아 도전하는 노력이 필요하다. 그런 노력은 개인의 의지와 끈기에만 맡길 수 없다. 함께 동참할 수 있는 회사의 조직 문화와 분위기가 필요하다.

    '스마트 워크에 적합한 일하는 문화'란 도전적이고 실험적이며 수평

적이어야 한다. 과거의 기준과 습관에 안주하지 않고 새로운 것을 적극적으로 찾아 나서고 도전할 수 있는 열린 분위기어야 한다. 그런 도전은 완벽하지 않을 수 있고 여러 실험 속에서 실패가 있을 수 있다. 실패하더라도 시행착오의 과정으로 인식하고 지속적인 실험을 할 수 있어야 한다. 그러려면 새로운 도구와 최신 기술에 친숙한 MZ 세대가 기죽지 않고 적극적으로 의견을 개진하고 스마트 워크의 아이디어를 발제할 수 있는 수평 문화가 필요하다. 그런 문화 속에 조직 전체가 스마트 워크를 지속할 수 있는 동력이 확보되는 것이다.

2

〰〰〰〰〰〰〰〰〰〰〰〰

코로나19로 인한
일하는 방법의 혁신

코로나19는 전 지구촌의 이동을 꼭꼭 묶어 두었다. 아이들은 학교에 갈 수 없고, 직장인도 회사에 출근할 수 없는 상황이 지속되다 보니 어쩔 수 없이 재택수업과 재택근무가 필수불가결하게 되었다. 덕분에 리더의 허용이나 조직 문화와 무관하게 재택근무, 비대면회의, 원격 근무, 모바일 오피스 등의 다양한 시도를 필연적으로 할 수밖에 없었다. 그 과정에서 자연스럽게 일하는 방법의 혁신과 스마트 워크에 대한 경험도 하게 되었다. 그렇게 해서 남은 것은 무엇일까?

| 재택근무와 비대면 근무 |

재택근무는 회사에 출근하지 않고 집에서 근무를 하는 것이다. 비대면 근무는 동료들과 같은 공간을 점유하지 않고 근무하는 것으로 집이 아니어도 카페나 공유 오피스 등 다양한 장소에서 떨어져 일하는 것을 말한다. 비대면 근무의 하나로 재택근무가 있다.

집에서 일하는 것은 출퇴근 시간을 줄일 수 있고 편안함과 익숙함을 보장해준다. 무엇보다 회사에 출퇴근하고 식사하러 이동하고, 회사에서 여기저기 불려 다니며 낭비되는 시간들을 줄일 수 있어 일하는 절대 시간이 크게 늘어나는 장점이 있다.

집에서 일하기에 최적으로 시스템과 환경을 구축한 서재

　　　　　　　　　　　　2 _ 코로나19로 인한 일하는 방법의 혁신

하지만 익숙함이 일을 더 잘하게 만들어 주지는 않는다. 회사에 잘 갖춰진 컴퓨터와 책상, 의자보다 집에 있는 노트북이나 네트워크가 더 나으리라는 보장이 없다. 일부 기업은 회사가 아닌 외부에서 인트라넷 연결이나 회사 시스템 사용에 제약이 있는 경우도 있다. 게다가 집에서 일하는 것이 편안은 하지만 집중할 수 있는 환경을 보장하는 것은 아니다. 집에 아이들이 있거나 층간 소음 등이 있다면 회의조차 하기 버거울 것이다.

그런 이유로 초반에는 비대면 근무를 집에서 하다가 카페나 공유 오피스 등으로 옮겨서 일하거나 회사로 출근하는 것이 대다수의 결론이다. 그렇다면 비대면 근무는 비효율적인 것일까? 그렇게 결론을 내야 할까? 출근하지 않고 어디서든 일하는 것이 주는 강점을 살리면서도 회사에서 근무하며 얻을 수 있는 가치도 함께 얻는 방법은 무엇일까? 이 두 가지의 장점만 취한다면 스마트 워크에 한 걸음 다가갈 수 있을 것이다.

| 모바일 오피스와 원격근무 |

물리적으로 같은 공간에 모여서 일하는 것과 떨어져 일하는 것의 차이는 단지 출퇴근 시간이 다르다는 것만은 아니다. 같이 있으면 수시로 호출해서 말하고 회의하고 지시하는 등 과다한 커뮤니케이션이 있기 마련이다. 굳이 미팅을 하지 않아도 되는 것까지 회의를 해야 해서 이를 위해 준비하는 시간과 회의실에 모여 기다리고 발표하고 이해시키고 논의해서 의사 결정하거나 다음 번 회의로 미루는 등 과다한 시간 낭비 요소가 발생하는 것이 사실이다. 그래서 재택근무로 얻은 효과 중 하나는 불필요한 회의와 번거로운 만남을 최소화한 것이다. 자주 볼 수 없으니 만남도 빈번할 수 없고, 꼭 회의해야 하는 것만 추려서 한번에 하게 하는 것이 재택근무의 실질적 장점의 하나이다. 그러다 보니 회의도 압축적이고 집중해서 할 수밖에 없다.

그 강점을 살리면서 재택근무의 불편함을 해소하는 것은 모바일 오피스다. 사무실에 출근은 하되 전통적으로 팀끼리 모여 앉는 방식에서 벗어나 어디든 앉고 싶은 자리에 앉는 방식이다. 심지어 회사 위치도 한 곳이 아닌 집 근처 가까운 곳이 될 수 있다. 더 나아가면 사무실이 굳이 필요치 않고 원격근무를 편하게 할 수 있는 시스템 지원을 해주는 방식이다. 컴퓨터와 네트워크의 제약 없이 회사에서 일하는 것처럼 지원해 사무실 출근 없이도 일할 수 있다. 집이 집중하기 어려운 환경이라면 공용 오피스나 카페를 이용할 수 있다.

이때 중요한 것은 불필요한 미팅이 최소화되고 온라인이든, 오프라인이든 한번 회의할 때 제대로 집중해서 진행할 수 있다는 점이다. 단, 이런 장점을 얻으려면 회사 차원의 시스템적인 지원이 필요하다.

입사를 하면 노트북과 회사 시스템에 연결할 수 있는 계정을 지급하듯이 원격근무에 최적화된 인프라를 지원해 줘야 한다.

| 온택트 워크의 시대 |

팬데믹으로 전 세계의 회사들이 경험한 스마트 워크에 대한 선진적 경험은 새롭게 일하는 방법에 대한 경험을 가져다주었다. 그 경험을 불편해하고 단점만 말하면 배움이 있을 수 없다. 코로나19가 사라진 이후 다시 돌아온 일상이 다시 과거로의 복귀라면 진화라 말할 수 없다. 재택근무, 비대면 근무, 원격근무를 통해 얻은 새로운 경험 속에서 더 나은 일하는 방법을 찾아 이를 적용한다면 진일보할 것이다.

코로나19로 얻게 된 가장 큰 스마트 워크의 시사점은 '온택트 워크'로 귀결된다. 즉, 인터넷으로 연결되어 일하는 방식이다. 마치 마트에 갈 수 없어 마켓컬리 앱으로 신선식품을 주문하고, 레스토랑을 찾을 수 없어 배달의민족 앱으로 음식을 주문하는 것처럼 일하는 것 역시 회사에 출근할 수 없고, 사람을 직접 만날 수 없어 인터넷에 연결해서 일해야 한다. 그런 변화를 '언택트 서비스'라고 부르고, 그렇게 일해야 하는 것도 '언택트 워크'이다. 하지만, 언택트는 그저 만나지 못하는 것만을 지칭하고 온택트 워크는 만나지 못하는 것을 인터넷으로 연결되어 극복하는 것을 말한다.

　온택트 워크는 온라인으로 사람들과 연결해 만나고, 문서도 클라우드에 올려 두고 언제든 온라인으로 연결해서 열어보고 작성하며 공동으로 함께 온라인에서 편집하는 것을 말한다. 업무 관련 정보와 지시도 구두나 개인 카톡 메시지가 아닌 협업툴을 이용해 등록하고 공유하는 것을 일컫는다. 그렇게 일들이 모두 기록되고 저장되어 있으면 인가받은 직원은 누구나 언제든 인터넷에 연결해서 확인할 수 있다.

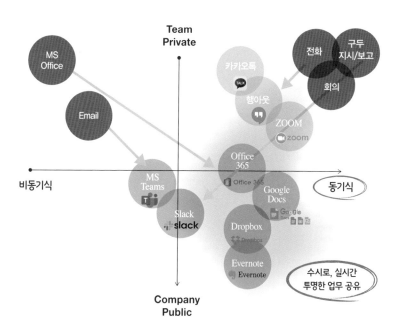

전통적인 업무 방식이 다양한 온라인 툴과 함께 실시간 공개된 공유 방식의 온택트 워크로 바뀌어 간다.

　　　　　　　　　　　2 _ 코로나19로 인한 일하는 방법의 혁신

뒤늦게 프로젝트에 참여한 직원도 히스토리를 살펴볼 수 있다. 정보가 수직으로 흐르지 않고 업무에 관심있는 누구에게나 흘러가기 때문에 정보의 불균형이 발생하지 않고 단절이 발생하지 않는다.

단, 그렇게 일하기 위해서는 회사의 시스템적인 지원 외에도 직원들의 동참이 필수적이다. 그저 업무 관련해서 생성된 문서를 클라우드에 저장하는 것을 넘어 공동 협업툴을 이용해서 문서를 공동으로 편집해야 하고, 업무 관련 소소한 지시와 정보 등에 대한 내역도 협업툴에 기록해야 한다. 업무에 대한 서로 간의 질문이나 답변 등에 대한 것들 또한 기록함으로써 암묵지들이 각자의 머릿속에만 저장되지 않고 모두에게 함께 공유되고 언제든 다시 찾아볼 수 있도록 해야 한다. 이를 위해서는 기존에 일하던 방식과 습관을 벗어나 새로운 온택트 워크 시스템에 익숙해져야 한다.

3

〰〰〰〰〰〰〰〰〰〰〰〰

장소와 시간에
구애받지 않고 일하기

스마트 워크를 거창한 회사 차원이 아닌 개인 차원에서 시행하기 위해서는 어떤 태도와 준비가 필요할까? 회사가 꼭 지원을 해야만 스마트 워크를 할 수 있다면 그전까지 개인은 아무 것도 할 수 없는 것일까? 개인 차원에서 스마트 워크를 위한 태도를 알아보자.

| 어디서보다 어떻게 일하는지가 중요 |

　　　　　　　　　　재택근무에 대한 평은 두 가지로 상반되게 나타난다. 대개 팀장 이상의 직급을 가진 40대 이상은 한두 번 해볼만은 하겠지만 계속 하고 싶지는 않다고 한다. 무엇보다 눈앞에 직원들이 보이지 않으니 일을 제대로 하는지 불안하고,

온라인 회의가 익숙하지 않아 일의 진척도를 상세하게 파악하기 어려운 데다 커뮤니케이션도 비효율적이라는 것이다. 반면 30대 이하의 직원들은 불필요한 시간 낭비가 크게 줄어들고 업무 그 자체에 집중해서 커뮤니케이션을 할 수 있어 효율적이라는 의견이 다수다.

그런데 문제는 이렇게 3개월 이상 재택근무를 하다 보면 이런 근무 방식에 긍정적이었던 사람들조차 불편함을 호소하고 생산성이 지속적으로 나아진다고 생각하지 않는다는 것이다. 당연히 회사에서 상사와 그리고 동료와 일하다 보니 상대방이 이런 근무 방식에 대한 부담과 거부감을 가지고 있게 되면 덩달아 그런 비효율이 전파되는 것이다. 그렇다면 개인 차원에서 이런 문제를 극복할 수 있는 방법은 무엇일까?

재택근무에 대한 평가가 크게 이질적인 이유는 근무 장소에 집중하기 때문이다. 어디서 근무하느냐가 중요한 것이 아니라 어떻게 일하느냐가 중요하다. 같은 공간에서 대면 회의와 업무를 보는 것이 주는 강점이 있고, 비대면 방식으로 일하는 것이 주는 장점이 있다. 중요한 것은 비대면 방식으로 일함에 있어 집이나 사무실이라는 같은 공간에 있느냐가 중요한 것이 아니라 비대면 근무에 어울리는 방식으로 어떻게 일하느냐가 중요하다.

재택근무에 대해 '생산성이 떨어진다'고 평가하는 사람들의 대부분은 동료와 떨어져 근무한다는 막연한 불안과 집중하기 어려운 집의 근무 환경, 구두가 아닌 온라인 커뮤니케이션이 갖는 불편을 극복하지 못한 경우이다. 수년에서 수십 년간 익숙해온 회사에서 함께 모여 일하는 대면 근무가 갑작스레 비대면 근무로 바뀌었는데 그걸 수개월만에 익숙해지기란 쉬운 일이 아니다. 팬데믹이 물러 가고 다시 이전처럼 대면 근무가 가능하다 할지라도, 지구촌 전체가 경험해 본 비대면 일하기가 주는 장점에 주목한 경영진과 리더 그리고 직장인들이라면 새로운 일하기 방법을 업무에 적용할 것이다.

그 적용은 바로 장소가 아닌 어떻게 일하느냐가 핵심이다. 회사에 나와서 일하든, 집이든, 카페든 장소에 무관하게 비대면으로 어떻게 일하느냐에 따라 업무 성과가 달라진다. 바로 온라인으로 연결되어 일하는 '온택트 워크(ONTACT WORK)'가 그것이다. 대면 근무든, 비대면 근무든 어떤 형태이든 간에 중요한 것은 일에 늘 연결되어서 일하는 것이 중요하다. 업무와 관련한 자료, 회의 내역, 계획, 보고서, 의사결정 내역 그리고 함께 일한 동료들과 의논하고 토론한 암묵지들이 고스란히 온라인에 기록되고 저장되어야 한다.

슬랙(Slack)을 이용해 늘 연결된 채 일하는 모습

드롭박스나 구글 드라이브를 이용해 클라우드에 파일을 저장해서 필요할 때 어떤 디바이스에서나 즉시 열어보고, 쉽게 공유할 수 있도록 해야 한다. 슬랙이나 잔디 등을 이용해 업무 관련 사항들을 늘 수시로 의견 나누고 자료와 정보를 공유할 수 있어야 한다. 노션이나 에버노트 등을 이용해 회의록이나 아이디어, 메모 등을 기록하고 관리할 수 있어야 한다. 또한 구글 독스나 오피스365 등을 이용해서 공동으로 문서를 편집하고 즉시 자료 확인과 문서 기반으로 의견을 주고받을 수 있어야 한다. 그렇게 업무가 완전히 디지털화가 될 경우 어디서 일하는지는 무관하게 생산성이 높아진다.

| 언제 얼마나 일해야 할까? |

시간 관리에 능한 사람들은 언제, 얼마나 일할까? 그 전에 시간 관리를 잘 한다는 것은 무엇일까? 시간 관리를 잘 한다는 것은 적은 시간으로 더 나은 성과를 보여줌을 뜻한다. 그러면 하루 8시간 일하고 100의 성과를 내는 A와 하루 12시간 일하고 120의 성과를 내는 B, 하루 5시간 일하고 80의 성과를 내는 C 중에 누가 시간 관리를 잘 하는 것일까? 우선 시간당 생산성 관점으로만 보면 A는 12.5, B는 10, C는 16이니 C가 가장 시간 관리를 잘 한다고 볼 수 있다. 또 회사 관점에서 오직 생산성만 놓고 봐도, C가 가장 많은 성과를 보였으니 C가 일을 더 잘한다고 평가할 수 있다.

반면, 가족들 입장에서는 A가 가장 균형 있게 일한다고 말할 수 있다. 이렇게 관점에 따라 다르다.

내 관점에서 보면 시간 관리를 잘 하는 것은 하루 8시간 일하고 150의 성과를 내는 것이다. 더 적게 일하는 것도 더 많이 일하는 것도 아닌 회사가 제시한 근로 시간 내에서만 일하면 된다. 그래야 사랑하는 가족과 여유로운 개인 시간을 보낼 수 있다. 단, 성과는 회사의 기대보다 더 낼 수 있어야 한다. 그래야 회사가 만족하고 일 잘한다고 평가받는다. 이 모든 것이 가능하려면 핵심은 '시간당 생산성이 높아야 한다'는 것이다.

시간당 생산성을 높이려면, 일을 스마트하게 할 수 있어야 한다. 사람마다 업무 집중이 잘 되는 시간대가 다르다. 누구는 밤에, 누구는 새벽에, 누구는 오전에 집중이 잘 된다고 한다. 또 그 시간이 유동적으로 바뀌기도 한다. 시간이 아닌 장소에 따라 업무 집중이 달라지기도 한다. 그렇게 사람마다 집중력이 다른 시간대가 있고 그 시간에는 복잡하고 중요한 고도 업무를 처리하는 것이 좋다. 집중이 안되는 시간에는 단순한 업무를 봄으로써 시간 낭비를 최소화할 수 있어야 한다.

4

~~~~~~~~~~~~~~~~~~~~~~~~~~~~~~~~~

무슨 일을 왜 해야 할까?

뛰는 놈 위에 나는 놈이 있는 것처럼 똑똑한 사람 위에 성실한 사람
이 있다. 그런데 성실한 사람 위에 또 한 사람이 있다. 바로 일을 즐
기는 사람이다. 아무리 성실하게 일을 해도 즐기는 사람을 이길 수
없다. 이런 사람은 똑똑한 사람과 성실한 사람이 가진 모든 것을 가
지기 때문이다.

| 하고 싶은 일과 해야만 하는 일, 할 수 있는 일의 차이 |

하고 싶은
일이 있고, 할 수 있는 일이 있다. 그리고 해야만 하는 일이 있다. 이
세 가지가 모두 일치하는 경우는 복 받은 사람이다. 하지만 대부분
하고 싶은 일과 할 수 있는 일 그리고 해야만 하는 일이 다르다. 대
부분의 직장인은 미래에 하고 싶은 일을 위해 지금 어쩔 수 없이 해

43

야만 하는 일을 한다. 그렇게라도 일을 하는 사람은 다행이다. 일부
는 할 수 있는 일이 없어 해야만 하는 일조차 못하는 경우가 있다.

할 수 있는 일은 내가 가진 능력과 역량의 범주에 들어가는 일을
말한다. 하지만 하고 싶은 일은 대부분 내 역량의 부족으로 할 수 없
는 경우가 태반이다. 우리는 언젠가 하고 싶은 일을 할 수 있는 일로
만들기 위해 오늘을 노력하며 산다. 교육과 훈련, 경험을 통해서 하
고 싶은 일을 꿈꾼다. 그 노력으로 궁극에는 하고 싶은 일을 할 수
있는 일로 만들어 보람을 느끼는 사람들이 있다. 이들이 성공하는
사람들이다. 아쉽게도 대부분의 사람은 하고 싶은 일 근처에도 가지
못한 채 평생 해야만 하는 일, 할 수 있는 일의 범주에서 벗어나지
못한다.

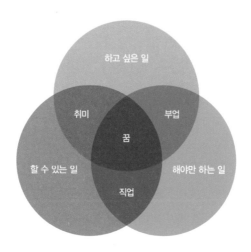

그런데 왜 우리는 하고 싶은 일을 못하는 것일까? 그것은 하고 싶은 일은 누구나 하고 싶은 일일 확률이 크기 때문이다. 하고 싶은 일은 상대적으로 많은 사람들이 하고 싶어하기에 그 기회가 쉽게 주어지지 않는다. 이미 하고 싶은 일을 할 수 있는 능력과 역량을 갖춘 사람에게 주어지는 경우가 대부분이다. 그러니 평생 하고 싶은 일을 좇아 다니지만 정작 해야만 하는 일에 무릎을 꿇는다. 하지만 하고 싶은 일을 할 때에 내 역량과 능력이 최적화되어 일의 성과가 극대화된다. 한편 하기 싫은, 해야만 하는 일을 할 때에 에너지가 제대로 나올 리 만무하다. 에너지가 없이 일하면 그 일의 성과가 만족스러울 리 없다. 그러므로 우리는 하고 싶은 일을 최대한 빨리 할 수 있도록 최선을 다해야 한다.

| 즐겁게 일하는 것이 핵심 |

그렇다면 하고 싶은 일은 과연 무엇일까? 대학을 졸업하고 첫 직장을 찾으며 많은 취업자들이 내가 진정 무엇을 하고 싶은지 모르는 경우가 많다. 한 번도 직장 생활을 해보지 않았고, 산업과 직업에 대한 고민을 해본 경험이 적다 보니 하고 싶은 일이 무엇인지 정의를 할 수 없는 것이다.

사실 하고 싶은 일은 즐거운 일이다. 그저 모든 사람들이 동경하는 꿈의 직업이 하고 싶은 일은 아니다. 모든 사람이 예쁘다고 인정하는 미스코리아가 비록 예쁠지언정 내 인생의 반려자로 적당한 것은 아닌 것과 같다. 적성에 맞는 일, 하고 싶은 일은 내가 일을 할 때에 짜증을 내고 시계를 자꾸 보게 되기보다 밤새 시간 가는 줄도 모르고 입가에 웃음을 지으며 몰입하게 되는 일이다. 그런 일이 내가 평생을 즐겁게 할 수 있는 일이고, 내가 하고 싶은 일이다.

그런 즐기는 일을 하게 되면 굳이 시간 관리를 하지 않아도 저절로 성실하게 일하게 된다. 일이 좋으면 굳이 시계를 보고 업무 목표를 세워가며 시간을 관리할 필요가 없어진다. 또한 일을 즐기게 되면 자연스럽게 열정으로 일을 하게 되면서 내 역량과 기술도 성숙해진다. 그러한 경험 속에 그 일을 더 잘할 수 있게 된다.

일을 즐겁게 하려면 협력하는 힘이 필요하다. 현대 사회는 한 명의 천재가 기업을 먹여 살리지도 않고, 가내 수공업처럼 혼자 모든 것을 만들지도 않는다. 일은 함께 나누면 행복처럼 배가 된다. 즐겁게 일하기 위해서는 혼자 하려 하지 말고 주변의 사람들과 함께 해야 한다. 나누어 할 수 없는 여건이라면 일에 대해 의견을 나누고 조언을 구할 수 있는 사람을 찾아야 한다. 직장 동료가 아니라면 친구, 선후배, 배우자나 연인과 내 일로 이야기 꽃을 피울 수 있어야 한다. 내 일이 소재가 되어 이야기를 나누며 웃음꽃을 피울 수 있어야 일이 재미있어진다.

또한 일에서 재미를 찾기 위해서는 일에서 배움의 기회를 찾아야 한다. 우리는 일을 하며 내 에너지를 고갈하는 것이 아니라 새로운 에너지와 즐거움을 찾을 수 있어야 한다. 그래야 끊임없이 자기 발전을 하며 일을 할 수 있다. 호기심을 가지고 일을 들여다보면서 일 속에서 새로운 배움과 학습의 계기를 만들도록 노력해야 한다. 이 호기심과 배움은 진일보한 일로 도전하게 만드는 원동력이 되며, 더 중요한 것은 스마트하게 일할 수 있는 밑거름이 된다.

그런데 그렇게 즐길 수 있는 일을 못 찾았거나 현재 하기 싫은 이 일을 때려 치우고 마냥 그 일을 찾아 떠나기에 위험이 크다면 어떻게 해야 할까? 간단하다. 진정 그렇게 즐길 수 있는 일을 찾아 떠나는 것이 두렵다면 과감하게 포기하고 현재 하는 일을 즐기면 된다. 지금

하는 일이 억지로 하는 것이고, 적성에 맞지 않는다면 포기하는 것이 답이다. 그 포기가 내 여건이 허락하지 않아 쉽지 않다면 더 이상 고민하며 마음고생할 필요가 없다. 어차피 떠날 수 없는 일을 억지로 하면 업무 성과가 좋을 리 없고 성실하게 일할 수 없는 것은 당연하다.

도저히 피할 수 없는 일이라 판단한다면 지금 하는 일을 즐겨야 한다. 일을 즐겨야 그 일에서 재미를 찾고, 열정과 에너지로 성실하게 일하면 좋은 성과를 낼 수 있다. 일이 싫어 억지로 할 수밖에 없는데 새로운 일을 찾아 떠날 용기가 나지 않는다면 악순환을 계속할 수는 없다. 일에 대한 내 마음의 태도를 바꿀 수 있어야 한다. 그 태도가 변화되지 않는다면 위험은 감수해야 한다. 'High Risk, High Return'을 믿고 즐길 수 있는 일을 찾아 떠나지 않으려면 더 이상의 자기 학대, 불만 토로는 잊어버리도록 하자.

┃ 워커홀릭과 일을 즐기는 것의 차이 ┃

주변에 일 잘하고 시간 관리에 철저한 사람들을 보면 일에 대한 집념과 열정이 남다르다는 것을 알 수 있다. 성공한 많은 사람들을 지켜보면 이러한 열정이 공통적으로 발견된다. 그런데 이 열정의 형태에 따라 우리는 존경을 하기도 하고 혹은 저렇게는 살고 싶지 않다며 안타까움을 보이곤 한다.

그 차이가 무엇일까? 바로 그 열정의 형태가 일에 중독되어 워커홀릭으로서 나오는 맹목적인 것인지, 일을 즐겨서 나오는 자연스러운 것인지의 차이다. 사랑이 지나치면 애증이 되어 '스토커'라는 악으로 표현되는 것처럼 일도 중독이 되면 바람직하지 않다. 그것은 모두에게 독이 된다.

워커홀릭과 일을 즐기는 것의 차이는 무엇일까? 일 자체에 몰입하면 워커홀릭이고, 일이 주는 가치에 몰입하면 즐기는 것이다. 일을 심각하게 하면 워커홀릭이고, 일을 웃으면서 하면 즐기는 것이다. 모든 일을 혼자 하는 것은 워커홀릭이고, 함께 일을 하는 것은 즐기는 것이다. 항상 손에서 일이 떠나지 않으면 워커홀릭이고, 일이 끝난 후에 충분한 여유와 휴식이 있으면 일을 즐기는 것이다. 일을 하면서 주변 사람들이 치를 떨면 워커홀릭이고, 주변 사람들이 즐거워하면 일을 즐기는 것이다.

일을 즐길 수 있어야 그 산출물도 사람들을 즐겁게 해준다. 일을 끝내고 그 다음 일이 걱정되기 보다 보람과 뿌듯함이 느껴진다면 그 일을 진정으로 즐기는 것이다. 한 수 위에 있는 사람은 일을 즐겁게 하는 사람이다. 결국 시간 관리를 효과적으로 하는 방법은 세 가지로 요약된다. 일을 성실하고, 스마트하게, 즐기며 하는 것이다.

| 더 잘하기 위해 필요한 스마트한 도구 |

시간 관리를 잘하는 데 있어 가장 중요한 요소는 도구를 이용하는 것이다. 5km 거리의 회사에 출근하는데 걸어가는 것보다 적절한 탈 것을 이용해야 빠른 시간 내에 도착할 수 있다. 버스, 지하철, 택시, 자동차, 자전거, 전동 킥보드 중 무엇을 선택할지는 시간대에 따라, 상황에 따라 다르다. 각 교통수단의 특성과 상황, 시간대에 따른 교통량 등을 잘 이해하고 있어야 현명한 선택을 할 수 있다. 물론 비용도 중요하다. 최소 비용으로 빠르게 가려면 다양한 교통수단에 대한 정보와 지식이 필수적이다.

업무를 보다 빠르게 더 높은 성과를 내고 처리하는 것도 이와 같다. 업무의 종류와 특성에 따라 적절한 업무 도구를 선택할 수 있어야 한다. 그러려면 다양한 업무 관리 툴 즉, 도구에 대한 정보가 필요하다. 회사에서의 업무는 직무별로, 직급별로 다양하지만 기본적으로 다음과 같이 구성된다. 정보 검색, 자료 수집, 자료 정리, 자료 공유, 업무 기획, 보고서 작성, 협업, 보고서 취합, 커뮤니케이션, 회의, 발표, 판단, 의사 결정, 스케줄 정리 등이다. 각 과정별로 필요로 하는 업무 도구가 조금씩 다르다. 그런 도구들을 다양하게 인지하고 내 업무 특성에 맞는 적절한 도구를 사용할 수 있어야 시간 관리가 훨씬 수월해진다.

슬랙(Slack)

MS 팀즈(Teams)

잔디(JANDI)

콜라비(Collabee)

위키(Wiki)

컨플루언스(Confluence)

다양한 종류의 업무 관련 도구들

인류 역사가 석기 시대, 청동기 시대, 철기 시대로 진화되어 온 것처럼 도구는 늘 발전한다. 최신 도구는 늘 기존 도구를 앞선다. 업무 도구들은 꾸준하게 진화 발전되고 있다. 처음 컴퓨터가 등장해서 업무에 사용되던 1990년대만 해도 스프레드시트와 워드프로세서가 대표적인 업무 도구였다. 하지만 지금 업무에 도움을 주는 스마트한 도구들은 그 종류만 해도 수천 개나 된다.

지금 당신이 사용하는 업무에 도움을 주는 생산적인 도구는 어떤 것들이 있는지 한번 생각해 보자. 아마 대부분 MS 오피스, 캘린더, 에버노트 정도 수준이다. 하지만 그 외에도 마인드노드(Mindnode), 구글 태스크(Google Task), 슬랙(Slack), 트렐로(Trello), 스윗(Swit), 노션(Notion)에 이르기까지 다양하다.

너무 새로운 도구를 찾아 다니며 매년 툴을 바꾸는 것은 배보다 배꼽이 큰 격이지만, 적어도 2년마다 새 툴을 검토하고 업무에 적용해서 더 나은지 탐험해 보는 것은 필요하다. 적합한 도구는 업무의 생산성을 높여줘 시간 관리에 실질적으로 도움을 준다.

4 _ 무슨 일을 왜 해야 할까?

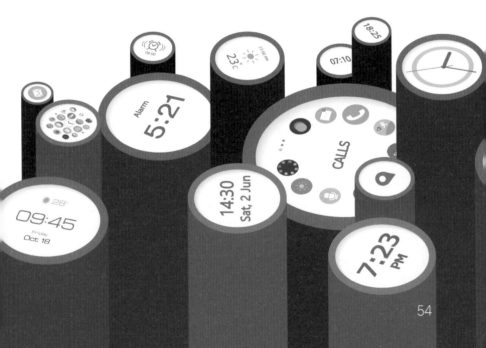

II

시간 관리의
관점 바꾸기

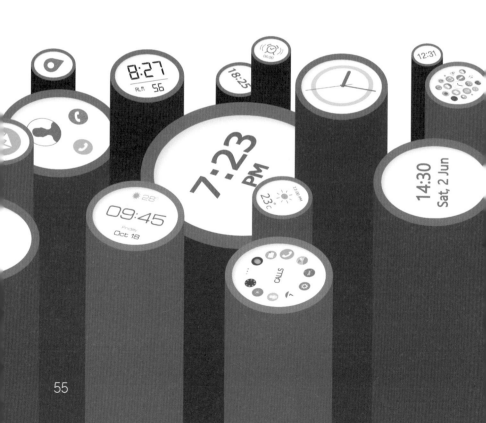

업무 특성상 많은 기업의 CEO, 회장 등의 경영진에 보고를 하거나 회의에 동석하는 경우가 잦다. 날고 기는 수많은 사람들을 보면서 발표하는 도중, 경영진의 질문 하나에 턱 막히는 경우를 종종 보곤 한다. 며칠 아니 수개월을 밤을 새워가며 정리한 보고서임에도 왜 질문 하나에 쩔쩔매는 것일까? 그것은 관점의 차이 때문이다. 보고를 받는 사람과 발표하는 사람의 관점이 달라 질문을 듣고 나서 헤매는 것이다. 매출과 수익 그리고 경쟁 환경 기반으로 마케팅 계획을 보고했는데, 고객의 만족도와 불편함에 기반한 상품 개선 방향의 질문을 하면 두 눈이 흔들릴 수밖에 없다. 관점을 바꾸면 그 어떤 질문도 적절하게 대응하고 임기응변이 가능하다.

　시간 관리 역시 관점이 중요하다. 어떤 관점으로 일을 바라보고 처리하느냐에 따라 하루 걸릴 일도 1시간에 끝낼 수 있다. 시간 관리의 새로운 시각을 갖게 해줄 관점 바꾸는 방법을 알아본다.

5

더 나은 내일을 위해 오늘의 시간을 희생하자

흔히들 오해하는 것이 시간 관리 책을 읽으면 당장 시간의 여유가 생기리라고 기대한다는 것이다. 물론 음식 조리를 할 때의 기가 막힌 양념이나 조리 방법처럼 천지개벽할 비법을 이 책을 통해서 발견할 수 있다. 개인마다 유용하다고 생각하는 팁을 얻을 수도 있다. 하지만 그런 비법을 실천하지 않으면 아무 소용없다. 게다가 그런 비법은 한두 번이 아니라 수백 번, 수년간 지속적으로 실천해야만 성과를 얻기 때문에 비법을 아는 게 중요한 것이 아니라 실행하는 것이 더 중요하다. 시간 관리를 잘하려면 잘하기까지 엄청난 성실함으로 꾸준하게 노력해야만 한다. 그 과정은 '내가 과연 시간 관리를 잘 하고 있는 것일까'라는 의구심과 자괴감에 빠지게 만들기도 한다. 왜냐하면 일반적으로 시간 관리를 잘한다라는 것은 시간이 여유로워 야근도 안하고 성과도 좋은 것을 뜻하는데, 그런 여유가 없다면 당연히 '내가 뭐하는 짓인가' 하는 우려가 들기 마련이다. 관점을 바꿔야 한다.

더 나은 시간 관리를 위해서는 당연히 적어도 수년간의 시간 투자가 필요하다.

| 두 직장인의 서로 다른 일상 |

우리 모두에게 주어진 시간은 24시간으로 공평하다. 하지만 그 시간의 값은 모두에게 다르다. 우리 회사 사장님과 이사님, 부장님 그리고 과장님과 내 자신의 몸값을 비교하면 한 시간의 가치가 다르다는 것을 뼈저리게 느낄 수 있다. 왜 하늘이 공평하게 준 시간의 값이 서로 다른 것일까?

24h 시간을 낭비하는 김 대리의 하루

아침 7시, 스마트폰 알람이 꿈에서 깨어나라고 시끌벅적하다. 하지만 쉽사리 침대를 박차고 일어나기 어렵다. 스마트폰의 알람을 정지 후 비몽사몽의 사투를 벌인다. 10분가량 씨름을 하고 씻는 둥 마는 둥 목욕을 하고 간단한 아침을 챙겨 먹고 7시 50분에서야 버스를 놓치지 않으려고 달려 나간다. 머피의 법칙처럼 항상 45분에 도착하는 버스를 놓치고 8시 정각에 도착하는 버스를 기다린다. 버스에 올라 두리번거리며 앉을 자리를 물색하고 마침 빈 자리 하나를 확보해 40분이 넘는 출근길에 단잠을 잘 태세를 갖춘다. 잠이 오지 않으면

SNS 삼매경에 빠져 재미난 가십거리를 찾아 나선다. 오늘도 버스는 어김없이 러시아워로 인해 50분에 회사 근처에 도착했고, 9시 정각에서 오늘도 5분 정도 늦은 시각에 출근 도장을 찍었다.

상사의 눈치를 보며 동료들과 함께 모닝커피와 담배 연기를 쫓아 휴게실로 향한다. 30분 정도 수다를 떤 후에 자리에 앉아 평소 즐겨가는 포털 사이트나 페이스북에 들어가 간밤에 새로운 뉴스는 없는지 인터넷 삼매경에 빠진다. 시간이 흘러 흘러 10시가 지나면서 어제 못다한 업무를 찾아서 팀장님께 보고해야 할 신규 상품 기획 제안서 작성을 시작한다. 제안서 작성을 위해 관련 자료를 뒤적거리며 한 시간이 훌쩍 흐르는 와중에 전화벨이 울린다. 마케팅팀에서 이번에 새롭게 준비 중인 이벤트를 위해 필요한 자료 요청을 한 것이다. 전화를 끊자마자 팀장님의 호출이 이어진다. 지난 주 요청했던 시장 분석 보고서 마무리가 언제쯤 끝날 것인지 물어온다. 생각해 보니 지금 진행하는 제안서 작성 업무 때문에 지난 주 팀장님이 요청한 보고서 작성은 깜빡했다. 자리에 와서 보고서 작성을 위해 파일을 뒤져 보니 지난 주 기획팀에 요청했던 자료에 대한 피드백이 아직 오지 않았다. 부랴부랴 기획팀에 메일을 보내 자료 확인을 요청했다.

벌써 시간은 11시 50분이 지나고 있다. 오늘은 무엇을 먹을까 즐거운 생각에 시계를 자꾸 훔쳐보게 된다. 12시 5분 전, 엘리베이터에 사람이 몰리기 전에 동료들과 함께 식당을 찾아 나섰다. 식사 후 회사에 도착하니 12시 40분이다. 식후 피우는 담배 맛을 잊을 수 없어 흡연실에 삼삼오오 모여 앉아 식후 끽연을 즐기고 나니 1시가 훌쩍 지났다. 다시 자리에 와서 오전에 진행했던 보고서 작성 업무를 이어 갔다. 아무래도 보고서에 필요한 자료를 찾기 쉽지 않아 관련 부서 담당자들에게 자료 요청을 하고, 팀장님이 독촉한 제안서 작성 업무를 이어갔다. 쏟아지는 졸음과 싸우며 업무를 보던 차에 전화벨 소리가 정신을 번쩍 들게 만들었다. 이 과장님이 전화로 3시 업무 보고 회의 시간이 5분이나 지났는데 왜 안 오느냐는 불호령이다. 급히 회의 자료를 주섬주섬 챙겨서 회의실에 참석하니 이미 팀장님과 과장님, 차장님, 박 대리 등이 자리에 앉아 있다. 회의 시간에 늦은 것으로 혼쭐난 데다가 회의 내용을 제대로 파악하지 못해 팀장님께 지적까지 받아 기분이 우울하다.

자리에 돌아와 한숨을 내쉬며 회의록을 정리하는데, 옆자리에 앉은 이 대리가 위로 한다고 커피나 한잔 하자고 한다. 커피 한잔하며 상사와 회사 욕을 실컷 하고 나니 기분이 좀 풀린다. 자리에 와서 앉으니 벌써 5시가 훌쩍 넘었다. 회의록 정리를 마저 마치고 팀장님이 마무리 요청한 제안서 완성과 금주까지는 처리해야 하는 보고서 작성 업무를 보니 오늘도 야근을 해야 할 것 같다. 오늘 저녁은 무얼 먹을까 고민하면서 매일 9시 넘어 들어가는 하루하루가 슬퍼만 진다.

🕐 시간 관리의 달인, 이 대리의 하루

아침 7시, 머리맡 알람 시계가 하루를 시작하라는 알람을 울려 댄다. 스마트폰에 기록된 오늘의 할 일(TO DO)과 스케줄을 확인한다. 목욕을 하면서 오늘 일정을 점검한다. 아침 식사를 하면서 스마트폰으로 받아 둔 오늘의 새로운 뉴스와 블로그 글들을 확인한다. 집 앞 정류장 버스가 언제쯤 도착하는지 확인 후에 여유롭게 집을 나선다. 7시 45분 버스에 탄 후 약 40분가량 스마트폰에 저장해둔 기사를 읽는다.

8시 30분 회사에 도착해서 컴퓨터를 켠 후 밤새 도착한 메일을 확인하고, 오늘 할 일을 다시 점검한다. 지난 주 마케팅 부서와 외부 제안 업체에 확인 요청한 업무 결과 피드백을 오늘 체크해야 한다. 또 오후 3시의 이 과장님 주최 회의에 대한 일정과 오늘까지 마무리해야 하는 신상품 기획안 보고서에 대한 업무 마감 시간을 확인한다. 9시 5분에 도착한 김 대리에게 인사를 전하고 동료들과 커피 한잔을 마시면서 업무에 대한 얘기를 주고받고, 최근 마케팅 부서의 업무량과 분위기를 체크한다. 지난 주 마케팅 부서에 부탁한 업무가 아무래도 계속 지연되는 것 같아서 그 부서의 요즘 분위기가 못내 궁금했기 때문이다.

9시 20분경 자리에 돌아와 당장 처리해야 하는 상품 기획안 작성을 마무리하고, 오늘까지 피드백 받고 주어야 하는 업무들을 정리했다. 11시가 지나자 잠깐 머리를 식히기 위해 근처 맛집을 검색해 보았다. 오늘 점심은 마케팅 부서 분위기와 업무 진행 내역을 파악할 겸 마케팅팀의 박 대리와 식사를 하기로 했다. 박 대리에게 점심 약속 시간을 재차 확인하고, 11시 50분쯤 박 대리와 함께 회사를 나와 식사를 했다. 생각했던 것처럼 지난 주 요청한 업무는 지연되고 있었다. 빠르게 진행 독려를 부탁하고 식사를 마무리했다.

1시에 회사로 돌아와 마케팅 부서의 업무 지연으로 인해 내가 담당한 프로젝트의 마감 시간이 얼마나 지연될지 확인한 후 이 과장님께

양해를 구해 두었다. 한숨 돌리고 진행 중인 각 프로젝트와 TO DO 리스트를 확인하며 업무 우선순위를 조정했다. 그리고 내일과 금주, 다음주의 스케줄 변동 사항을 재정리했다. 2시가 지나자 3시부터 이 과장님이 주최하는 회의 시작 시간을 알리는 알람창이 컴퓨터 화면에 나타났다. 회의 준비를 위해 참고 자료를 열람하고 관련 자료들을 정리했다. 2시 50분에 회의실로 향했다. 이 과장님이 이미 회의실에서 관련 부서 담당자들과 담소를 나누고 있었다. 3시가 지나도 회의에 참석해야 하는 김 대리가 오지 않았다. 미리 김 대리를 부르지 못해 미안한 마음이 들었다. 이 과장님의 불호령으로 5분 후에 김 대리가 들어왔다. 회의를 마치고 성급히 나가는 김 대리의 뒤를 쫓아간 후 김 대리에게 커피 한잔을 청하며 위로를 했다.

자리로 돌아와 방금 진행한 회의의 회의록을 정리하고 이후에 무엇을 언제까지 해야 하는지 할 일 목록을 정리했다. 오늘까지 정리해야 하는 신상품 기획안을 마무리하고, 관련 담당자들에게 회람했다. 5시가 지나고 있다. 퇴근 준비를 하며 내일 해야 할 일을 다시 정리하고, 내일 오전에 스케줄을 체크하며 회의나 외근 목록을 확인했다. 내일 오전에는 회의가 있어 평소보다 더 일찍 출근해야 함을 주지하고 6시 30분에 회사를 나왔다.

| 시간 관리의 두 가지 왕도 |

시간 관리는 두 가지만 엄수하면 된다. 하나는 남들 잘 때, 놀 때 생산적인 일에 투자하는 것이다. 둘은 남들이 서너 시간 걸릴 일을 한 시간에 하는 것이다. 전자는 일에 대한 성실함과 열정이며, 후자는 지식과 역량에 관한 것이다. 둘 다 노력에 의해 발전시킬 수 있지만, 후자보다 전자가 더 빠른 시도가 가능하다. 김 대리가 시간 관리에 당장 성과를 보일 수 있는 최선의 방법은 삶에 대한 태도를 바꾸는 것이다. 게으름과 싸워 불필요한 시간 낭비를 줄이는 것이 왕도이다. 하지만 기초적인 그 왕도를 실천하기 어렵다는 것이 문제다.

그래서 남들보다 적은 시간을 들여 보다 빠르게 업무를 처리할 수 있는 업무 역량이 요구된다. 하지만 그러한 업무 역량과 지식은 꾸준한 성실함 속에서 축적되어 가기 마련이다. 그 축적의 깊이와 시간을 빠르게 하는 것이 중요하다. 그 방법은 바로 스마트한 툴들을 활용하는 것이다. 도구를 사용하면 같은 시간에 보다 빠르게 업무를 처리할 수 있어 업무 효율성과 생산성이 좋아진다. 또한 보다 꼼꼼하고 성실하게 일할 수 있는 분위기를 마련해 준다.

즉, 스마트한 툴을 활용하면 시간당 생산성이 높아지면서 업무 지식과 스킬이 높아진다. 그와 동시에 꼼꼼하게 일을 처리할 수 있도록 해주면서 일에 대한 열정과 성실함을 쌓아 갈 수 있도록 해준다. 시간에 쫓기지 않고 시간을 지배하는 왕도의 첫걸음은 시간을 유용하게 관리해 주는 툴들을 이용하는 것에서 시작된다. 단, 그런 툴을 지속적으로 사용해야 하고 당연히 그 툴을 사용하는 최초 1년 간은 상당한 시간을 투자해야 한다.

| 망설이지 말고 당장 뭐든지 시작하자 |

직장 생활 7년차가 넘는 시니어급의 시간 관리에서 발생하는 가장 큰 실수가 무엇일까? 바로 망설임이다. 망설임 속에서 시간을 낭비함으로써 성공할 수 있는 씨앗을 싹 틔우지 못한다. 이것은 시간만을 낭비하는 문제가 아니라 성공 스토리(Sucess Story)를 만들 수 있는 기회를 놓칠 수 있는, 시간 관리보다 더 중요한 업무 관리에 실패하는 문제를 야기시킨다.

인생을 살다 보면 천운의 기회가 오기 마련이다. 그런데 그 기회를 천운이 아닌 수많은 기회 중 하나라고 생각하고 스쳐 지나가게 만드는 경우가 종종 있다. 혹은 천운의 기회를 망설이다가 타이밍을 놓쳐 성공으로 만들지 못하는 경우가 허다하다. 돌다리도 두드려 건너는 심정으로 매사 조심하는 것은 좋지만 너무 뜸을 들이다가는 진정 원하는 것을 얻지 못할 수 있다.

왜 그런 망설임이 생기는 것일까? 원인은 두 가지다. 하나는 그것을 질 할 수 있을지, 잘한다 해도 내게 어떤 득이 있을지 따져서다. 또 하나는 시간이 없어서다. 지금도 이것저것 바쁜데 괜히 했다가 하던 일마저 영향을 받으면 어떨지 걱정이 돼서다. 그렇게 망설이는 사람은 매사에 망설이기 마련이다. 망설임은 나이 40대 이상의 중년에게나 필요한 미덕이다. 아니 오히려 40대 중년 직장인의 삶 속에는 그런 망설일 수 있는 새로운 일감조차 없을 확률이 높다. 새로운 일이 주어지면 우선 도전하는 것이 맞다. 잘하든 못하든, 평가를 떠나 너무 많이 주어진 일에 대한 스트레스는 풀어야 할 변수지 새 일을 막는 상수가 아니다.

도전을 하면 비록 실패를 하더라도 얻는 것이 있다. 실패를 통한 경험이다. 하지만 실패가 걱정되어 시도조차 하지 않으면 그런 소중한 경험마저 얻지 못한다. 그 경험은 다음에 또 다른 일을 할 때에 업무 속도를 개선해 주는 촉매제가 된다. 그러므로 망설임과 의사 결정의 지연 속에서 일이 지체되도록 만들지 않도록 한다. 정 실패가 걱정된다면 일을 지연하지 말고 중단하도록 한다. 특히 20대의 신입, 30대의 주니어와 시니어에게는 더욱더 새 과업이 더 나은 역량 개발을 위한 교과서이기에 더 중요하다.

기약 없는 일의 지연은 그 일에 참여하는 사람들의 기회비용을 낭비하게 만든다. 다른 일을 못하게 만들어 결국 회사 전체의 경쟁력을 약화시킨다. 정확한 의사 결정은 어려운 일이다. 특히 요즘처럼 시장과 기술, 사용자와 경쟁자가 예측할 수 없을 만큼 빠르게 변화하는 경우에는 더욱더 의사 결정이 어렵다. 하지만 그것이 우려되어 의사 결정을 지연하는 것은 우리에게 가장 소중한 시간을 허비하게 만든다.

6

일이 많음을 오히려
고마워하라

한국 사람은 식사를 할 때에 여러 가지 반찬과 국을 놓고 먹는다. 오
죽하면 비빔밥이라는 음식이 있겠는가! 초등학교부터 우리는 국어,
수학, 과학 등 다양한 과목을 배우고 피아노, 태권도 등의 여러 학원을
다닌다. 우리는 이미 멀티태스킹이 익숙해져 있다. 우리 몸은 이미 한
번에 하나가 아닌 여러 개를 동시에 할 수 있는 충분한 역량을 갖추
고 있다. 하지만 직장인이 가장 두려워하는 것은 끝도 없이 쏟아지는
일이다.

| 일이 많은 것은 행복한 것 |

　　　　　　　시간 관리에 가장 어려운 것 중 하나
가 바로 제 시간에 일을 못 끝내는 것인데, 그 이유는 두 가지다.

첫 번째는 업무 역량이 기대하는 성과 대비 떨어져서 시간이 더 필요한 것이다. 두 번째는 동시에 하고 있는 일이 너무 많아 그 일들의 마감이 지연되는 것이다. 해결 방법은 있을까? 당장은 없다. 그저 더 시간을 내서 즉, 야근을 해서 끝내야 한다. 다만, 그 과정에서 누군가는 업무 역량이 커지면서 더 적은 시간으로 많은 일을 해낼 수 있으면서 성장한다. 하지만 누군가는 계속 일에 치여 야근을 밥 먹듯이 하며 힘들어하기만 한다.

많은 일들을 동시에 처리해야 하는 것을 이렇게 생각하면 어떨까? 동시에 여러 가지 일을 하는 것은 업무 집중도에 도움이 될 수 있다. 필자의 경우에도 한 번에 여러 가지 일을 하는 것이 오히려 더 능률은 물론 집중도도 높아지는 것을 경험하곤 한다. 책을 읽을 때도 책상에 2~3권의 책을 올려 두고 번갈아 가면서 읽는다. 문서를 작성하거나 프로젝트를 할 때에도 여러 가지를 동시에 하는 것이 자극과 긴장이 적절하게 유지되어 업무 생산성에 도움이 된다. 오히려 지루함에서 벗어나고 독특한 발상을 가능하게 해주기도 한다. 즉, A일만 계속하면 금세 지루해지고 딴 생각을 하게 되어 집중력이 떨어지는데 B, C 등의 새로운 일을 두고 지루할 때에 B를 하고, 다시 집중력이 흐트러지면 C일을 하게 되면 오히려 계속 일을 이어서 하기 좋기도 하다. 사실 멀티태스킹이라는 것이 동시에 세 가지 일을 다 하는 것이 아니라 돌려가며 하는 것이라 한 가지 일에 집중이 안될 때 다른 일을 하면 분위기 전환이 가능해지기도 한다. 이렇게 관점을 달리하면 여러 일을 번갈아 가며 하는 데 있어 다른 시각에서 수용할 수 있기도 하다.

사실, 우리가 일이 많다고 짜증과 한숨을 쉬는 것은 일의 개수가 많아져 통제를 하기 어려워서 그런 것이다. 적절하게 통제하면서 우선순위를 정해 두면 일이 많음에 더 이상의 불만이 사라질 것이다. 어차피 우리에게 주어진 24시간은 누구에게나 동일하고, 할 수 있는 일의 개수도 정해져 있다. 문제는 무엇부터 해야 할지 정리가 되지 않은 일의 혼돈 때문에 발생한다. 일의 순서를 정리해서 언제 무엇을 어떻게 할 것인지가 명확해지면 일에 대한 부담도 줄어들게 된다. 그러니 오히려 한 번에 여러 가지 일을 하려고 덤벼들어 보자. 일의 순서만 잘 정리하면 일이 아무리 많아도 당황스럽지 않을 것이다.

성공적인 삶을 사는 사람들 대다수는 상당히 바쁘다. 우리가 TV에서 자주 보는 톱 클래스의 연예인들이나 유명한 정치가, 성공한 CEO는 상상할 수 없을 만큼 바쁘게 산다. 하지만 그 많은 일을 하면서도 일을 제대로 처리한다. 그것이 바로 그들의 철저한 자기 관리와 시간 관리 때문인 것이다. 일이 많아 일을 제때 처리하지 못했다고 말하지 말라. 그것은 결국 본인의 능력 없음을 핑계대는 것일 뿐이다. 일이 많다면 오히려 행복해해라. 그것은 곧 성공할 수 있는 기회가 내게 주어졌음을 말하는 것이다. 한가하다면 오히려 그것은 내가 회사에서 할 수 있는 일이 줄어들고 있음을 말해주는 것이다.

| 궁극의 시간 관리는 업무 생산성 |

하지만 매번 그렇게 산더미 같은 일에 치어 돌려막기식으로 일할 수는 없다. 모름지기 시간 관리를 잘 한다는 것은 그렇게 일이 많더라도 해야만 할 일을 선별해 남들보다 최소의 시간을 소비해 최고의 성과를 내는 것이다. 그러려면 두 가지의 전제 조건이 있어야 한다. 첫째는 일을 선택할 수 있는 결정권과 둘째는 뛰어난 업무 생산성이다. 사실 전자는 후자가 뒷받침되어야 가능한 것이다. 업무 생산성이 뛰어나 인정을 받으면 그만큼 능력을 인정받아 맡은 권한이 높아지기 마련이다. 그렇게 권한이 높아지면 일을 가려서 할 수 있는 정도 수준의 재량이 생기게 된다. 그렇기에 관건은 업무 생산성을 높이는 것이다.

업무 생산성을 높이기 위해서는 일 처리 과정에서 학습을 통해 역량이 강화되어야 한다. 남들보다 많은 일을 하게 되면 그만큼 역량이 쌓여야 한다. 많은 일을 했다고 더 많은 연봉을 받는 것은 아니지만 남들보다 더 많은 역량이 쌓일 수 있는 기회는 얻게 된다. 단, 그 기회를 살려 실제 역량 개발로 이어지게 하는 것은 아무나 얻는 것은 아니다. 일에서 배움이 있으려면 세 가지의 원칙이 필요하다.

첫째, 참여자들을 관찰하라. 함께 업무를 보는 동료들과 직속 상사 그리고 관련된 모든 사람들이 어떻게 커뮤니케이션하고 각자 어떤 자료를 참고해서 보고서를 만드는지 자세하게 들여다봐야 한다. 회사의 일이란 것이 나 혼자 하는 것이 아니다. 수많은 이해 관계 속에서 협업하며 일이 진행되기 때문에 서로 다른 시각과 의견을 주고받는 과정에서 상당수의 내용이 필터링되면서 엑기스만 남게 된다. 그 과정을 관찰하면서 학습을 할 수 있어야 한다.

둘째, 의사 결정을 해석하라. 최종 보고와 의사 결정에서 승인자의 날카로운 질문과 판단은 생각하지 못했던 관점에 기반한 경우가 많다.

그런 질문과 판단의 의도와 그 안에 담긴 시사점을 찾을 수 있어야 한다. 오랜 기간 여러 명이 정리한 제안서가 단 1시간의 보고 끝에 결정되는 과정에 있어 최종 의사 결정권자가 어떤 기준과 원칙으로 판단하는지 잘 해석할 수 있어야 한다.

셋째, 일에서 복습하라. 우리가 회사에서 하는 일은 실전이고 이 과정에서 사실 엄청난 학습의 기회가 존재한다. 그 기회를 허비하지 않아야 한다. 일을 끝낸 이후 반드시 차분하게 돌아보는 시간을 가지자. 그 일을 누가, 왜 시켰고 진행되는 과정에서 누가 참여해 어떻게 논의를 하며 처리했는지, 최종적으로 무슨 보고서가 나왔는지, 그리고 최종 의사 결정은 어떻게 이루어졌는지 돌아보자. 복습하는 과정에서 배움의 기회가 생길 것이다.

│ 다른 일을 꿈꿔라 │

우리는 좀 더 여유로워지기 위해 오늘의 시간을 투자한다. 내일 좀 더 여유롭게 지내기 위해 시간당 업무 생산성을 높여 시간당 몸값(연봉)을 높이는 것이 직장인의 목표이다. 그렇게 하기 위해 오늘의 시간을 투자한다. 오늘의 여유를 다소 희생해서 내일의 시간을 보다 값지게 만들려고 한다. 그런데 그 시간의 투자를 지능적으로 해야만 내일의 시간이 값지게 된다.

　　　　　　　　　　　　　　　　　6 _ 일이 많음을 오히려 고마워하라

회사에서 너무 많은 일들에 지쳐 허덕이는 하루가 일상화되고 나아지는 기미가 없다면 그렇게 계속 일해선 안된다. 모름지기 일을 하다 보면 습관과 재능이 더해져 더 빠른 속도로 처리할 수 있게 되고, 그 과정에서 역량이 쌓이게 된다. 그런데 계속 시간만 더 투자될 뿐 나아지는 기미가 없고 특히 역량도 쌓이지 않는다면 그 회사에서 더 이상 일해선 안된다. 다른 곳으로의 이직이나 더 나은 직업을 찾아 변화를 꾀해야 한다. 하지만 단숨에 그럴 수는 없으니 준비 과정이 필요하다.

오늘의 시간 중 일부를 앞으로의 다른 일을 위해 투자해야 한다. 회사일에만 올인하면, 새로운 기회를 만들기 어렵다. 새로운 기회가 부업(Second Job)으로 안내해 주고, 그것이 본업(Main Job)이 될 가능성으로 이어질 수 있다. 부업은 그 종류가 다양하다. 전혀 생각하지도 못했던 분야의 일이 될 수도 있고, 현재 하고 있는 일의 연장선에서 생각할 수 있다. 예를 들어, 내가 하고 있는 업무가 서비스 기업의 마케팅 업무라면 그 일의 연장선으로 할 수 있는 부업은 마케팅과 관련한 책 집필, 강의 혹은 카피라이터 등이 될 수 있을 것이다. 만일 전혀 무관한 일이라면 부동산 중개업이나 무역업 등이 될 수도 있다.

회사 일과는 선혀 부관하거나 직간접적으로 연계된 일이라도 되니 부업을 고려해 내 시간의 일부를 투자하는 것이 필요하다. 이렇게 하기 위해서는 좀 더 다양한 사람을 만나고 각종 세미나, 동호회 등을 참여해 여러 분야에 관심을 가지면서 경험을 확대해 갈 필요가 있다.

7

일의 파급 효과에 따른 강약 조절하기

회사 업무는 여러 업무들과 서로 연계되어 있다. 내가 하는 업무는 그 업무 자체로 끝이 아니라 다른 업무들과 엮여 있으며 그러한 일들이 모여 큰 목표를 달성하게 된다. 비록 내가 하는 업무가 사소하고 간단한 일 같아 보여도 실제 그 일과 연계된 일들의 전체 규모와 목표를 볼 때 중요한 부분일 수 있다. 그러므로 일의 파급 효과를 파악할 때는 내 일과 연계된 전체 일의 규모를 봐야 한다. 그리고 어떤 업무에 더 에너지를 쏟을지를 판단해서 강약 조절을 해야 한다.

| 업무 시작 전 5W1H 파악하기 |

내가 하는 일이 어떤 일들과 연관되어 있고 궁극적으로 어떤 목표 달성을 위한 프로젝트에 속하는지 아는 것은 중요하다. 이 같은 사항을 알기 위해서는 호기심을 가지고 일에 대한 5W1H를 파악해야 한다.

'최초에 누가 이 일을 지시했고, 왜 이 일을 시켰으며, 어느 부서의 누구와 함께 이 일을 해서, 언제까지 누구에게 무슨 내용이 포함된 보고서를 어떻게 발표해야 하나'를 파악해야 한다.

그러려면 일을 할 때 그 일에 대한 개요와 목적, 목표 그리고 관련된 업무 담당자에 대해 충분히 업무 요청자와 상사(업무 지시자, 관련자)에게 물어야 한다. 그것은 일이 더 잘되도록 하기 위해 기본적으로 필요한 정보들이기 때문이다. 이러한 것을 묻지도 않고, 알지도 못한 채 하는 것은 그저 꼭두각시처럼 일하는 것일 뿐이며, 시간이 흘러도 업무 지식이 쌓이지 않게 된다.

이렇게 업무에 대한 5W1H를 확인하는 과정에서 이 일이 얼마나 중요한지, 앞으로 이 일이 회사에 어떤 파급 효과를 가져와줄지 예측이 가능하다. 한마디로 일의 '나비 효과'를 예상해 볼 수 있다. 나비 효과란 '혼돈 이론'이라 불리는 물리학 이론으로 초기값의 미세한 차이에 의해 결과가 완전히 달라지는 현상을 말한다. 이 이론의 대표적인 현상으로 북경에 사는 한 마리 나비의 날갯짓이 지구 반대편 대륙에 허리케인을 불러 일으킬 수 있다는 것이다. 우리가 맡은 일 역시 이 같은 나비 효과를 가져올 수 있다. 아주 사소하고 간단한 일을 잘못 처리하거나 목표한 시간보다 늦게 완료함으로써 심각한 문제를 야기할 수 있다.

　내가 맡은 일 자체를 보지 말고 그 일이 어떤 다른 일과 연계되어 있는지를 종합적으로 판단할 수 있어야 나비 효과도 예측이 가능하다. 그 일의 상위일이 무엇인지 확인해서 최종 목적을 분명히 아는 것으로 업무 우선순위와 중요도에 대해 결정할 수 있다. 이처럼 나비 효과를 잘 판단하는 것은 쉬운 일이 아니다. 업무 전체에 대해 꿰뚫고 있어야만 알 수 있는 것이기 때문이다. 그러므로 회사의 업무 전반을 이해하는 시니어 정도 되어야 이런 상황 판단을 할 수 있다. 초기에는 그런 통찰력이 생기지 않으니 5W1H를 파악하면서 주변 시니어 동료들의 이야기에 귀동냥하다 보면 그런 메시지를 파악하는 업무력이 생기게 된다.

　업무 파급 효과를 알게 되면 업무의 우선순위를 정할 때도 도움이 된다. 업무 우선순위는 업무의 중요도, 즉 그 업무의 파급 효과와 연

관되어 있다. 일이 겹치면 어쩔 수 없이 하나를 포기하거나 연기해야 한다. 이때 기준은 업무의 중요도이다. 일이 늦어질 경우에 발생되는 문제가 어떤 것이 더 심각한 것인지를 알려면 그 업무의 목적, 목표가 무엇인지를 알아야 한다. 그 기준으로 업무의 우선순위를 조정해야 한다. 이 같은 업무 우선순위 조정은 새로운 일을 하게 될 때마다 현재 진행 중인 전체 일과 함께 들여다보고, 순위 조정을 해줘야 한다. 이때 해당 업무의 파급 효과를 기준으로 하면 좀 더 효과적인 업무 우선순위를 결정할 수 있다.

| 상사에게 물어보기 |

걷다가 길을 잃어버리면 어떻게 하는가? 간단하다. 주변 사람이나 상가 주인에게 물어보면 된다. 운전하다가 길을 모르면 근처 지나는 행인에게 물으면 된다. 업무를 보던 중 막히는 것이 있거나 5W1H에 대한 정보를 파악하기 어렵다면 물으면 된다. 상사, 멘토, 선임 또는 업무 요청자에게 알고 싶은 사항을 질문하면 된다. 이 간단한 해답을 우리는 쉽게 실천하지 못한다.

왜 우리는 업무와 관련해서 무엇인가 물어보는 것을 꺼려할까? 상사에게 업무와 관련해서 물어보거나 업무 우선순위 조정을 요청하는 것은 크게 결례인 것처럼 생각하는 우리 문화 탓이다. 마치 군대처럼 상명하복, 수직 문화 시스템으로 운영되는 회사 내에서 일과 관련해서 상사에게 요청하거나 물어보는 것을 무척 부담스러워한다.

하지만 일이 잘 되기 위해서는 반드시 물어볼 수 있어야 한다. 일을 제때, 제대로(요청자의 기대 수준에 맞게) 끝내려면 충분히 질문할 수 있어야 한다. 만일 업무 관련 사항에 대한 정보 부족으로 일을 제때 끝내지 못하거나 퀄리티에 문제가 발생하면, 누가 그것을 책임질 것인가! 시간 관리를 철저히 하며 인정받으려면 상사에게 당당하게 물어볼 수 있는 자신감을 가져야 한다.

단, 질문을 하기 전에 적어도 주변 동료와 관련자를 통해서 최소한의 정보 파악은 미리 해 둬야 한다. 그리고 질문 시에는 해당 업무에

7 _ 일의 파급 효과에 따른 강약 조절하기

대해 내가 파악하고 있는 내용을 먼저 설명하고 잘못 이해하고 있는 것은 없는지, 추가적으로 알고 싶은 것이 무엇인지, 업무 과정 중 발생된 문제는 무엇이고 이 문제를 해결하려고 어떻게 노력 중인데 한계가 무엇인지를 구분해서 설명하고 질문해야 한다. 최소한 해당 업무에 대해 어떻게 파악하고 준비 중인지, 어떤 것이 어려움인지를 구분해서 설명하고 질문해야 정확한 답을 얻을 수 있다.

| 업무 파급 효과에 따라 강약 조절하기 |

몸은 하나라서 동시에 여러 일을 할 때는 모든 일을 100% 이상의 성과를 내지 못하는 경우가 많다. 즉, 가장 이상적인 것은 모든 일을 마감 시간까지 맞추면 되지만 주어진 시간이나 능력이 유한하기 때문에 모든 일을 해낼 수는 없다. 그래서 업무 파급 효과를 예측해서 업무의 우선순위를 조정하는 과정이 필요하다. 업무 조정을 통해서 순위에서 밀린 일은 마감일을 지연시켜야 한다. 물론 그렇게 마감일을 늦춰야 하는 경우에는 사전에 (하루 전이 아닌 적어도 1주 전) 지시자에게 양해를 구할 수 있어야 한다.

그런데 만일 마감일을 모두 늦출 수가 없다면 어떻게 해야 할까? 우선순위가 떨어지는 일의 산출물 퀄리티를 낮출 수밖에 없다. 즉, 중요도가 높은 업무는 좀 더 많은 시간을 배정해서 퀄리티를 맞추고 중요도가 낮은 업무는 시간을 덜 투입해서 퀄리티를 낮추어 마감 시간을 맞춰야 한다. 퀄리티를 낮춘다는 것은 업무 결과물이 부실해진 다는 것을 뜻한다. 여러 일을 한꺼번에 해야 하는 상황에서는 피할 수 없는 선택이다. 그러므로 업무의 중요도와 우선순위에 따라서 결과물의 퀄리티를 조정해야 한다. 이러한 균형감을 잘 찾는 것 또한 훌륭한 시간 관리의 한 방법이다.

사실 완벽주의를 추구하는 똑똑한 인재들의 부족한 점 중 하나가 바로 이러한 균형감을 조정하지 못한다는 것이다. 맡은 모든 일에 대해 완벽한 결과물을 얻고자 하면 결국 업무 마감 시간을 완수하지 못할 수밖에 없다. 게다가 여러 일을 동시에 해야 하는 경우에는 더더욱 문제가 심각해진다. 사소한 일조차도 퀄리티를 최고로 맞추고자 시간을 안배하다 보면 정작 중요한 일의 마감 시간이 늦어지기 때문이다. 그러므로 우선순위가 떨어지는 일은 100%가 아닌 50% 수준의 퀄리티로 낮추어 완료한다는 생각으로 동시에 여러 일을 모두 수행하는 스스로와의 타협이 필요하다.

8

~~~~~~~~~~~~~~~~~~~~~~~~~~~~

목표와 측정을 토대로
성실함을 단련시키자

창의력이 중요한 시대가 되었다. 대량 생산 시대에는 공장에서 물건을 찍어내는 것처럼 좀 더 많은 시간을 투입해서 보다 많은 생산품을 출하하는 것이 가치 있는 일이었다. 하지만 다품종의 소량 생산 시대에는 똑같은 물건이 아닌 소비자의 입맛에 맞는 맞춤형 상품을 만드는 것이 더 가치 있는 일이다. 이러한 상품은 창의적인 아이디어로 만들 수 있다. 창의력은 시간에 비례하는 것이 아니다. 집중과 몰입을 통해 만들어진 아이디어가 짧은 시간에 더 가치 있는 일을 하는 데 도움을 준다.

| 업무 집중을 위한 디지털과의 밀당 |

창의적인 아이디어가 중요한 직업이 있다. 디자인, 프로그래밍, 상품기획, 음악가, 미술가, 작가 등은 순간적인 아이디어에서 영감을 얻어 작품을 만든다. 이들에게는 성실하게 일하는 것보다 더 중요한 것이 순간적인 집중을 통해 혁신적인 아이디어를 도출해내는 것이다. 창의력은 시간을 오래도록 투입한다고 해서 강화되는 것은 아니다. 업무 역시 시간에 비례해서 생산성이 향상되는 것만은 아니다. 자료를 집계하고 정리하며 오랜 시간을 투입해야만 하는 업무가 아닌 아이디어 도출이 필요한 업무는 시간과 생산량이 비례하지 않는다.

창의력은 논리적인 좌뇌가 아닌 감성적 영역을 관장하는 우뇌에 의해 좌우된다. 감성은 몰입, 집중이 최고조에 달했을 때에 효율성이 배가된다. 특히 창의력이란 실타래와 같은 것이라서 연속적인 생각 속에서 진화되어 간다. 만일 중간에 흐름이 중단되면 처음부터 다시 시작해야 한다. 그러므로 집중할 때 방해하면 생각의 흐름이 끊기게 되어 그동안 투입한 시간이 아무런 효용 가치를 가지지 못할 수 있다.

저글링 공연이나 접시 돌리기, 요요 묘기, 큐브 맞추기 등을 보면 몰입, 집중의 힘이 주는 위력을 알 수 있다. 여러 개의 공을 두 손으로 돌려 가며 저글링을 하는 것은 대단한 집중이 요구된다. 그 집중

8 _ 목표와 측정을 토대로 성실함을 단련시키자

력은 수많은 연습과 훈련으로 단련될 수 있다. 그렇게 하기 위해서는 집중의 시간대를 설정해서 매일 해당 시간에는 그 어떤 것에도 방해받지 않도록 해야 한다. 한때『아침형 인간』이라는 책이 대한민국 서점가를 강타한 적이 있다. 하지만 아침에 일찍 일어나 아침 시간을 활용하는 것이 누구에게나 정답은 아니다. 일부는 아침이 아닌 저녁, 한밤중에 더 업무 생산성이 높을 수 있다. 저녁형 인간에게는 아침 일찍 일어나 출근하는 것보다 아침을 늦게 시작하더라도 밤늦게까지 일하는 것이 더 생산성이 높을 수 있다.

즉, 집중을 하기 위해서는 그런 여건부터 만들어야 한다. 차분히 자리에 앉아 아이디어를 도출하고 싶어도 갑자기 걸려오는 전화와 잦은 회의, 시끄러운 주변 환경에서는 연속적인 생각의 흐름을 이어갈 수 없다. 몰입을 하기 위한 환경과 시간을 비워 두어야 한다. 사람에 따라 새벽, 아침 또는 오후, 밤으로 집중하기 쉬운 시간대가 다르다. 자신에게 맞는 집중의 시간을 찾아 그 어떤 것에도 방해받지 않도록 하는 여건을 만드는 것이 좋다. 즉, 업무 집중 시간제를 두는 것이 좋다. 이렇게 정한 시간만큼은 메일 확인이나 전화 통화, 회의 등을 피하도록 한다.

| 창의력을 키우기 위한 성실함이라는 땔감 |

스마트한 시간 관리란 적은 시간의 투자로 보다 많은 성과를 내는 데 있다. 즉, 투입한 시간보다 업무 성과가 훌륭하면 그것이 최고의 시간 관리이다. 그러한 시간 관리 능력은 교육과 업무 경험을 토대로 지식과 인사이트가 쌓여야 확보된다. 이렇게 해야 창의력도 샘솟는다. 사실 기발한 사업의 아이디어나 독특한 기획 발상은 아무런 경험이 없는 데 나올 수 있는 것이 아니다. 다양한 경험과 통찰력이 있어야 그때 부싯돌에 순간 튀어 오른 불씨처럼 아이디어가 반짝 나타난다. 그 불씨를 짚단에 옮겨붙여서 호호 바람을 불어가며 크게 불을 키워가는 것이 기획 역량이다. 즉, 평소 성실하게 일하면서 쌓아 둔 지식이 기반이 되어 '집중력'이라는 부싯돌이 '아이디어'라는 불씨를 만들어, '역량'이라는 불로 이어지게 되는 것이다. 그러한 역량은 누구도 태어나면서 가질 수 있는 것은 아니다. 역량을 키우는 최초 시작은 곧 성실함과 열정이라는 땔감이다.

85

전문 지식을 갖추지 못한 직장 초년생의 시간 관리는 우선 성실해야 한다. 처음부터 다양한 아이디어가 샘솟을 만큼 창의력이 뛰어날 수도 없고 스마트한 역량을 갖추기도 어렵다. 일처리를 빠르게 해주는 스마트함은 업무에 익숙해지면서 차츰 쌓여 가기 마련이다. 태어나면서 천재인 사람이 드물기에 젊었을 때(대학 졸업 후 직장 생활 2~3년까지는), 성실함과 열정을 바탕으로 경험을 쌓아야 한다. 그 경험과 함께 지식이 두터워지고 스마트함이 싹터 오르게 된다. 그 스마트함은 성실함과 어우러져 사내에서 핵심 인재로 발돋움할 수 있는 기회를 마련해 준다.

특히, 직장 초년생은 비빔밥처럼 성실함과 스마트함이 잘 비벼지면 지속적인 발전을 할 수 있다. 이 같은 시간이 수년간 흐른 후에 비로소 여유로움을 찾을 수 있다. 즉, 신입(2~3년)은 꾸준한 성실함으로, 초년(4~6년)은 스마트한 성실함으로 경험을 쌓으면 이후에 여유를 가지면서도 일처리 속도는 빨라질 수 있다. 결론적으로 신입의 시간 관리 첫 번째 관문은 성실해야 하는 것이고, 그 성실함을 기반으로 역량을 키워 나가게 되면 같은 시간에 빠르게 업무를 처리할 수 있는 효율적인 시간 관리의 기술을 습득할 수 있다.

| 성실하기 위해 필요한 목표 수립과 측정 |

그렇다면 성실함은 어떻게 꾸준히 유지될 수 있을까? 열역학 제2법칙에 따르면 만물은 엔트로피가 증가하는 방향으로 에너지 전환이 일어난다고 한다. 즉, 무질서를 지향한다. 사람 역시 불편한 질서보다는 편안한 나태함과 태만을 지향하기 마련이다. 누구나 아침 일찍 일어나고 근무 시간에 졸지 않고 퇴근하고, 술자리보다는 자기 계발을 하는 것이 옳다고 생각하지만 그렇게 행동하기란 쉽지 않다. 근면, 성실의 자세로 삶을 살아가기란 어려운 일이다.

하지만 시간 관리의 첫걸음은 바로 이 같은 무질서와 엔트로피를 바로잡는 것에서 시작한다. 그렇게 하기 위해 두 가지가 필요하다. 바로 목표 수립과 성과 측정이다. 인간은 게으르고 편안함을 추구하는 동물적 습성을 타고 났다. 배 부르면 눕고 싶고, 누우면 자고 싶은 것이 인간 심리이다. 아침에 일찍 일어나기 싫고 술 마시고 노래하며 즐기고 싶은 것이 사람 마음이다. 성실한 삶의 자세를 유지하는 효과적 방법은 목표를 설정하는 것이다. 거창한 목표가 아닌 단기적으로 달성 가능한 작은 목표를 세우고 열심히 달린 이후에 그 성과를 측정해 목표 달성의 즐거움을 누려야 한다. 하루하루 작은 목표를 설정하고 이를 반드시 측정해서 목표 달성의 즐거움을 꾸준하게 늘려 나가다 보면 성실함이 습관화될 것이다. 성과 측정에 따른 결과가 만족

8 _ 목표와 측정을 토대로 성실함을 단련시키자

스럽지 않다면 반성하고 그 이유를 분석해 교정해야 한다. 이렇게 성실한 삶에 대한 태도는 시간 관리의 왕도라는 것을 잊지 않도록 하자. 그 성실함이 쌓이고 쌓이면 자동적으로 업무 역량과 지식, 경험이 축적되어 업무 속도도 배가되는 것이다.

| 일을 즐기면 창의력과 집중력은 따라온다 |

5년 넘게 사법 고시를 준비하며 어렵게 합격한 사람은 피 말리는 5년을 빡빡한 시간표 속에서 성실하게 지냈을 것이다. 합격의 즐거움을 만끽한 이후에 변호사, 판사, 검사 등으로서 직업인의 삶은 어떨까? 법조인으로서 지속적인 성장을 하려면 시간을 효율적으로 관리하면서 역량을 갈고 닦아야 한다. 그런데 만일 그 일이 즐겁지 않다면 열정이 샘솟을 리 없고 성실하게 일할 수 없다. 그렇기에 사법 고시, 의사 고시에 합격하고도 본인이 좋아하는 일을 찾아 직업을 바꾸고 제2의 삶을 사는 사람들이 있는 것이다.

사실 내가 좋아하는 일이면 굳이 애쓰지 않아도 그 일을 열심히 할 수밖에 없고 집중해서 일하는 것이 자연스러울 수밖에 없다. 처음에는 역량이 미흡해도 일에서 즐거움을 찾으니 시간이 흐를수록 자연스럽게 역량은 따라오기 마련이다. 그런데 그렇게 내가 좋아하는 일을 찾는 게 쉬운 일이 아니다. 일에 푹 빠져서 대단한 성과를 거둔 사람들은 TV에서나 어렵게 찾을 수 있지 우리 주변에 그런 사람이 널려 있는 것이 아니다. 대부분의 사람들은 평생 좋아하는 일을 찾지 못한 채 일의 노예가 되어 돈 벌기 위해 어쩔 수 없이 직업에 종사하는 경우가 다반사다.

 그렇다면 어떻게 하고 싶은 일을 빨리 찾을 수 있을까? 일과 취미는 다르다. 일은 원하는 성과를 달성하기까지 피나는 노력과 시간의 투자를 필요로 한다. 그 과정은 재미만 있는 것이 아니다.
 좌절과 고통, 인내의 시간은 필수다. 취미는 그에 비하면 과정 자체가 즐거움이다. 굳이 성과를 목표로 하지 않아도 된다. 일을 업으로 삼는 것은 시간이나 비용의 투자를 전제로 한다. 그러므로 좋아하는 일을 취미를 찾는 것과 동일시해서는 안된다.

 그렇기에 평생의 업을 삼고자 할 때는 그 일을 하는 사람과의 인터뷰나 관련 커뮤니티 등을 통해 정보를 파악해야 한다. 그 직업을 하는 데 어떤 고단함이 있고 어떤 노력과 투자를 필요로 하는지 알아야 한다. 그 직업을 통해 얻게 되는 최종적 모습만 봐서는 안된다. 가수가 무대에 오르고 나서 사람들이 환호하는 모습만 봐서는 안되고 그전까지 무슨 준비를 하고 어떤 투자를 해야 하는지를 살펴봐야 한다. 희생을 감수하고서라도 그 일에 대한 애정이 식지 않았다면 바로 그 일이 내가 좋아할 수 있는 일인 것이다. 그렇게 내가 좋아할 만한

8 _ 목표와 측정을 토대로 성실함을 단련시키자

일을 찾기 위해 다양한 직업들을 찾아보고 관련된 정보를 수집하는 노력이 필요하다. 많이 볼수록 좋아할 일을 찾을 수 있는 확률도 높아진다.

9

〰〰〰〰〰〰〰

업무 구조화, 간소화,
기록화를 통해 일에서 배우자

일을 시작할 때, 진행 중에, 끝내고 나서는 한 발자국 떨어져 객관적으로 들여다볼 필요가 있다. 이런 과정 없이 일을 무턱대고 시작하고 일에 푹 빠져 있으면 자기 성찰의 기회를 놓치게 된다. 시간 관리를 도와주는 '스마트 워크'는 하루 아침에 만들어지는 것이 아니다. 반복되는 일 속에서 스마트 워크를 돕는 역량을 쌓아야 한다. 그 역량은 가만히 있는다고 얻을 수 있는 것이 아니다.

| 내가 잘 해낼 수 있는 업무 솎아내기 |

사람마다 가지고 있는 재능이 조금씩 다르다. 함께 일하던 동료 정 대리는 자료를 수집하고

경쟁사 벤치마킹을 하며 데이터를 분석하는 능력이 탁월하다. 반면에 이렇게 분석된 내용을 기반으로 문서화하고 이를 정리하는 정리 역량이 미흡하다. 또한 문헌정보학과를 졸업하고 서비스 기획 업무를 하던 김모군은 사용자들의 요구 사항을 파악하고 시장을 조사하는 역량과 서비스를 구상하는 역량은 탁월한데, 비즈니스 모델이나 전략을 구성하는 능력은 부족하다. 이렇게 재능이 다른데, 내게 맞지 않은 업무를 맡게 되면 업무 효율성이 떨어지기 마련이다. 같은 시간을 투입해도 결과물이 다른 것이다.

본격적으로 일을 시작하기 앞서 주어진 일을 내가 할 수 있는지 판단하는 선별 작업이 필요하다. 만일 내가 할 수 없는 일이라면, 그 일은 과감하게 되돌려 보내거나 도움을 구하거나 다른 사람에게 위임해야 한다. 무조건 일을 떠맡는 것은 정작 진행 중인 다른 일조차 제때 끝내지 못하게 만들 수 있다. 회사 업무라는 것이 혼자 하는 것이 아니라 함께 하는 것이다. 내가 잘 할 수 있는 것을 맡는 것이 시간을 더 효율적으로 사용할 수 있음은 물론 능력과 역량을 더 인정받고 키울 수 있는 방법이다. 하지만 주의할 것은 내 구미에 맞는 일만을 구하려 들면 팔방미인이 될 수 없다. 업무 효율성도 중요하지만, 업무 범위를 점차 확대하기 위해서는 새로운 도전이 필요하다. 또 회사에서 내가 하고 싶은 일만 하려 든다면, 그 누구도 그걸 반길 리 없을 것이다. 그러므로 균형감 있게 일을 맡는 지혜가 필요하다.

일은 처리하는 것보다 정리하는 것이 더 중요하다. 내게 해야 할 일들은 무조건 하나의 장소에 리스트로 수집해 두는 습관을 들여야 한다. 일 하나에 포스트잇 하나라는 규칙을 두어 포스트잇에 할 일을 기록해서 한 곳에 쌓아 두는 방법을 이용해도 좋다. 이렇게 들어온 일을 무작정 시작할 것이 아니라 취사 선택을 해야 한다. 취사 선택의 기준은 다음과 같다.

1 마감 기간 내에 끝낼 수 있는 일인가?
2 내 능력으로 처리할 수 있는 일인가?
3 타인의 도움을 받거나 협업으로 처리해야 할 일은 아닌가?
4 내 업무와 전혀 무관한 내 일이 아닌 것은 아닌가?

즉, 내가 할 수 없거나 내가 해야 할 일의 성격이 아닌 것을 빠르게

9 _ 업무 구조화, 간소화, 기록화를 통해 일에서 배우자

분리해내야 한다. 일을 정리함에 있어 가장 먼저 행하는 것은 하지 말아야 할 일, 할 수 없는 일을 휴지통에 버리는 것이다. 할 일이 너무 많이 쌓이게 되면 이를 통제할 수 없기 때문이다. 일이란 꼭 완수를 해야만 끝나는 것이 아니다. 내가 하지 못하는 것을 휴지통에 버리는 것조차 일을 끝내는 것이다. 단, 무조건 휴지통에 버릴 것이 아니라 버리기 전에 일을 요청한 요청자와 상의를 해야 한다. 대개 훌륭한 리더라면 이미 내가 더 잘 해내는 일을 간파해 그에 맞는 최적의 일을 배치해 줄 것이다. 그렇지 않은 경우는 일을 하기 싫어서가 아니라 더 성과를 내기 위해 적합한 다른 일을 하겠다는 의지를 보여주고 업무 조정을 요청해야 한다.

| 업무를 간소화하고 최소화하는 비법 |

주어진 일을 당장 빠르게 처리할 수 있는 방법은 상세한 계획을 수립하는 것이다. 그렇게 하기 위해서는 일을 잘게 쪼개야 한다. 1,000명의 대학생을 대상으로 한 설문조사 데이터를 분석하는 일이라면 그 일을 더 이상 나눌 수 없을 때까지 세부적으로 쪼개고 쪼갠 내역들을 완료하는 데 어느 정도의 시간이 걸릴 것인지 정리해서 계획을 수립하고 그 계획에 맞게 일 처리를 진행해 나가는 습관을 들이는 것이 좋다.

일을 더 이상 나눌 수 없을 때까지 세분화하는 것은 일을 완수하는 데까지 걸리는 총 시간을 예측하는 데 도움이 된다. 뿐만 아니라 일을 진행하면서 어디에서 시간이 오래 걸리고 계획과 달리 지체가 되는지 확인할 수 있다. 이러한 습관을 들이다 보면 추후 일을 할 때에는 자연스럽게 일을 처리하는 데 걸리는 시간을 빠르게 확인할 수 있으며 일을 단축해서 처리하려면 어떤 지점에서 집중력을 발휘해야 하는지도 알 수 있다.

 일을 분해하는 사례

만일 경쟁사가 출시한 제품에 대한 경쟁을 위한 신상품 기획안을 작성한다고 할 때, 이 일을 세분화해야 한다.

1 경쟁사 상품 시장 조사
    1-1 경쟁사 상품의 출시일과 판매량 조사
    1-2 시장 리서치
    1-3 상품에 대한 상세 기능 벤치마킹

2 사용자 수요 분석
    2-1 최근 출시된 신규 상품 조사
    2-2 사용자 트렌드 조사
    2-3 사용자 만족도 조사

3 신규 상품 기획
    3-1 최근 출시한 신상품 리스트업
    3-2 신상품 기능 정의
    3-3 상품 개발을 위한 비용 조사
    3-4 예상 매출 정리

상기와 같이 세부적으로 일을 분해해서 각각의 업무에 대한 시작과 마감 시간을 정리해야 한다. 물론 혼자 모든 것을 못할 수 있으므로 특정한 업무는 누구에게 도움을 받아야 할지 등도 함께 정리하면 좋다.

| 업무 경험을 내공으로 축적하기 |

같은 시간에 보다 많은 일처리를 할 수 있는 것은 과거의 업무 경험을 통해 습득한 내공 덕분이다. 즉, 아는 것이 많으면 그만큼 일을 빠르게 처리할 수 있다. 직장 경력 5년차와 신입 사원의 일처리 속도가 다른 것은 그만큼 경력 사원이 더 많은 업무 경험을 갖추고 있기 때문이다. 하지만 같은 5년의 업무 경험을 갖추고 있더라도 서로 습득한 정보의 양과 깨달음의 깊이가 다르면 업무 처리 속도는 다르기 마련이다.

2021년 코로나19로 인한 세계 경제 위기 속에서 이를 극복할 수 있는 비용 절감 방안이나 매출 증대를 위한 신상품 전략안, 효율적인 마케팅 전략안을 갓 들어온 신입 사원과 5년이 넘은 김 팀장 중 누가 효율적인 방안을 제시할 수 있겠는가? 필자는 20년 넘게 직장 생활을 해오면서 그간 경험한 업무 내역들을 프로젝트별로 기록해 두고 있다. 회사에서 맡은 업무들의 상세 내역을 시간별로 정리를 해 언제든 복기를 할 수 있도록 해 두었다. 해당 프로젝트를 진행하며 생산된 문서들을 체계적으로 정리하고, 발생한 중요한 의사 결정이나 이슈들을 그때그때 기록해 두었다. 이렇게 기록해 둔 덕분에 과거 특정 프로젝트를 진행하며 겪었던 문제점과 극복 방안, 성공한 비결 등을 회상해 보곤 한다. 이러한 경험을 모두 머릿속에 기억해 둘 수 없기 때문에 체계적으로 정리하고 필요할 때에 쉽게 찾아볼 수 있도록 해두면 경험이 지식으로 축적되는 것이다.

　지금 회사에서의 업무 경험은 고스란히 개인의 내공으로 쌓을 수 있어야 한다. 하나의 일을 처리했다면 그 일을 처리하면서 겪은 경험과 데이터는 내 머리와 컴퓨터 하드디스크에 차곡차곡 정리되어야 한다. 그렇게 정리된 데이터가 나중에 유사한 일을 처리할 때 그만큼 처리 속도를 단축시켜 주기 때문이다. 정작 일은 열심히 하고 많은데 끝없이 쏟아지는 일로 야근만 할 뿐 도무지 여유 시간이 없는 것은 일을 요령 있게 하지 못하기 때문이다.

경험과 지식을 쌓는 일처리 방법은 일에 대한 기록에서 시작된다. 처리한 일에 대해서 체계적으로 정리를 해 두면 업무 경험이 지식으로 쌓이게 되며, 나중에 복기를 할 때에도 쉽고 빠르게 확인할 수 있다. 과거를 복기하면서 업무 경험을 되살리다 보면 일을 하면서 미처 배우지 못한 지식을 다시금 회복할 수 있다.

 업무 기록과 정리의 사례

업무를 진행하며 참여하게 된 큰 프로젝트의 세부 내역들을 시간별로 기록해 두면 나중에 과거의 업무 내역을 상기할 때 도움이 많이 된다. 그때 그 프로젝트가 왜 실패했고, 왜 성공했는지를 확인하기 쉽다. 과거를 복기하는 것은 배움의 기회가 되고, 지금 진행하는 프로젝트를 보다 성공적으로 이끄는 데 지혜를 준다.

특히 회사 업무를 보며 작성된 문서들을 업무별로 보관을 해 두면 필요할 때에 빨리 찾아볼 수 있다. 이렇게 정리해 두지 않으면 문서를 찾는 데 상당한 시간이 소비된다. 많은 직장인들이 과거에 작성해 둔 문서를 찾기 위해 부하 직원들에게 자료를 찾아 달라고 주문을 하거나 PC 속에 저장된 파일을 찾는 데 불필요한 시간을 낭비한다. 평소에 이 파일들을 체계적으로 분류해 두면 원하는 파일을 빠르게 찾아볼 수 있다.

10

∿∿∿∿∿∿∿∿∿∿∿

내 주제에 맞는 일을 맡자

제 시간에 일을 끝낼 수 있는 비결 중 하나는 내가 가진 능력과 역량을 충분히 파악하는 것이다. 나 자신을 잘 알수록 일처리에 들어가는 시간을 산출해 마감 시간을 조정할 수 있다. 늘 업무에 쫓기는 이유는 게으른 것보다는 계획적으로 일처리를 하지 못하기 때문이다. 계획적으로 일처리를 하려면 일을 통제할 수 있어야 한다. 물론 대부분의 직장인은 상사가 시키는 일을 거부할 수 없고 무조건 주어진 납기일에 맞출 수밖에 없다. 그러니 나 자신을 알고 일을 조정하거나 마감 시간을 조정하는 것이 애초에 불가능할 수 있다. 그런데 주어진 현실을 어쩌지 못하고 계속 시키는 대로 끌려 가게 되면 평생 그렇게 소처럼 일하기만 할 수밖에 없다. 내 주제를 알고 그에 맞게 일하기 위한 한 걸음을 떼야만 일에 끌려다니지 않게 된다.

| 나 자신을 알라 |

똑같은 일이 주어져도 사람마다 일처리 방식이 다름은 물론 결과물과 일의 소요 시간이 다르기 마련이다. 그렇다면 내게 주어진 일을 완수하는 데 어느 정도의 시간이 걸리는지 나는 알고 있을까? 만일 "해봐야 안다"고 답을 한다면 일을 통제하지 못하는 자신의 한계를 드러내는 것이다. 주어진 일의 난이도와 다른 업무와의 우선순위를 파악해서 어느 정도의 시간 내에 완료할 수 있는지 일정을 산출할 수 있어야 일의 통제가 가능하다.

그러려면 내 자신을 알아야 한다. 내가 가진 역량과 능력을 알아야만 주어진 일을 완수할 수 있는지 여부와 완료하는 데 걸리는 시간을 측정할 수 있다. 그것을 모르면 일을 통제할 수 없다. 여러 가지 일을 동시다발적으로 해야 하는 직장인에게 각각의 일을 수행하는 데 걸리는 시간을 산출하는 능력은 필수적이다. 직장 생활 초년에는 이 능력을 쌓아야 한다. 수많은 시행착오를 통해서 내게 주어진 한 시간이 어느 정도의 일을 할 수 있는 자원인지를 파악할 수 있어야 한다.

일처리 시간 측정법

시간 대비 업무 생산량을 파악하는 일은 단번에 할 수 있지 않다. 1년 이상의 경험을 통해서 내가 가진 생산성을 파악할 수 있다. 1년간 내가 했던 업무를 돌아보자. 누가 언제 시켰고, 누구와 협업했으며 최종 산출물에 담긴 내용이 무엇이었는지 되돌아보자. 해당 내용을 구성하는 데 가장 막혔던 지점은 무엇이었고, 어떻게 극복했는지 되짚어 보자. 문서의 분량과 내용을 구성하는 데 어떤 자료를 참고했고, 해당 자료를 어떻게 구하게 되었는지 생각해 보자. 최종 문서의 형태가 무엇이었고 문서의 스토리 구성과 정리, 포장은 어떻게 했는지를 돌이켜 보자. 그 과정을 통해 어떤 일이 주어지면 대략 어느 정도의 자료 수집, 자료 정리, 문서의 스토리 구성, 내용 정리, 포장의 시간이 필요한지 가늠할 수 있을 것이다.

물론 그 생산성, 즉 업무 효율성은 시간이 흐르며 자기 계발과 역량의 발전을 통해서 점차 개선되어 간다. 즉, 일처리 속도가 빨라진다. 만일 작년이나 올해나 업무 속도가 개선되지 않는다면 내 역량이 제자리이거나 내게 주어진 일이 지극히 단순 반복 업무에 불과하다는 것을 깨달아야 한다.

| 못한다고 말해야 한다 |

일에 쫓겨 사는 문제는 언제나 늘 시간이 부족하다는 것이다. 게다가 일을 완수하고도 욕을 먹는다. 늘 제시간에 일을 끝내지 못하니 완료하고도 홀가분한 마음과 끝냈다는 즐거움을 제대로 누리지 못한다. 일을 끝마쳤을 때 느낄 수 있는 성취

감은 그 다음 일을 하는 데 동기 부여가 된다. 그런데 그 기쁨을 제대로 만끽하지 못하면 다른 일을 하는 데 방해가 되기 마련이다.

일을 통제하기 위해서는 내가 가진 능력에 따라 일처리 시간을 파악해서 일의 우선순위와 마감 시간을 파악할 수 있어야 한다. 만일 일의 양이 절대적으로 많아 도저히 제시간에 처리할 수 없는 여건이라면 "NO"라고 말할 수 있어야 한다. 즉, 업무 요청자에게 일을 거부할 수 있어야 한다.

커뮤니케이션 기술의 중요성

하지만 한국 직장에서 주어진 일에 대해 감히 "NO"라고 말할 수 있는 사람이 몇이나 되겠는가? 그렇다고 매번 그렇게 관행에 젖어 상명하달식의 일처리 방식에 따르면 그때마다 일에 쫓겨 살 수밖에 없다. 이런 악순환을 끝내는 방법은 "NO"라고 말할 수 있는 몸부림에서 시작된다.

단, 대안 없는 "NO"를 얘기한다면 일을 통제하기에 앞서 일이 끊겨 회사에서 쫓겨날 판이 될 것이다. 업무 요청자가 말한 마감 시간까지 일을 처리하기 위해서 필요한 대안(다른 일의 우선순위 조정, 추가적인 인력의 지원, 조력자의 도움 등)을 통해 업무 완수의 의지를 비추는 등 협의를 통해 조정하는 협상력을 발휘해야 한다. 그러한 커뮤니케이션 기술이 결국 소심한 "NO"의 표현인 것이다.

시간 관리를 잘한다는 것은 매사 철저하게 업무 처리를 한다는 것이다. 하지만 자칫 철저한 시간 관리라는 미명 아래 내 일, 네 일 따지며 일처리를 까탈스럽게 하는 것을 경계해야 한다. 그래서 "NO"라고 말할 때, 함께 대안을 찾는 자세로 커뮤니케이션을 해야 한다. 주어진 일을 주어진 시간 내에 끝내기 위한 대안을 찾는 자세로 협의를 할 수 있어야 한다. 업무 요청자(상사)에게 무조건 "NO"라고 말하는 것은 시간 관리보다 더 중요한, 업무에 대한 태도와 자세가 갖춰지지 않은 것이다.

상사가 당장 내일까지 경쟁사의 지난 달 매출액과 벤치마킹 보고서를 작성하라는 요구를 했다고 가정해 보자. 현재 내일, 모레, 금주까지 처리해야 하는 다른 할 일과 병행하기도 어려울뿐더러 도저히 내일까지 그 보고서를 작성하기가 버겁다면 어떻게 해야 할까?

"팀장님, 내일 오후까지 해당 보고서 작성을 위해 최대한 노력하겠습니다. 그러면 현재 진행 중인 A 업무와 B 업무의 일정을 다소 조정할 필요가 있겠습니다. 팀장님께서 요청하신 보고서 작성의 우선순위가 더 급한 것 같아서 아무래도 이 업무에 주력해야 할 듯합니다. 진행 중인 A, B 등의 업무를 다소 조정해도 문제가 없을까요?" 혹은 "팀장님, 보고서 작성을 위해 경쟁사의 매출액에 대한 자료와 경쟁사 상품의 시장 반응에 대한 조사 자료들을 빠르게 수집하고 조사해 보겠습니다. 이와 관련된 자료에 대해 사내에서 도움을 받을 만한 부서

나 자료가 있다면 훨씬 빠르게 업무를 처리할 수 있을 것 같습니다
만 혹 이에 대한 도움을 주실 수 있습니까? 없다면, 시간이 다소 걸
려 내일 오후까지 원하시는 양질의 보고서가 완료될 수 없을 수 있겠
습니다. 우선 최대한 시간을 맞춰 보고 내일 오후까지 정리된 보고서
를 드리고 부족하다 판단되면 하루이틀 정도 보완을 하겠습니다." 이
러한 조정과 조율의 대안을 제시할 수 있어야 한다.

| 일 하나에 매몰되지 않고 균형 있게 업무 처리하기 |

일을 통제
하는 사람의 특징은 나무를 바라보지 않고 숲을 바라보며 일을 한다.
반면 일에 쫓기는 사람은 당장에 주어진 일 하나에만 신경 써서 다른
주변의 일들을 망각한다. 효과적인 시간 관리를 통한 일처리를 하려
면 내게 주어진 일 전체를 관망할 수 있는, 숲을 보는 눈이 필요하다.
그래야 당장의 일에 치이지 않고 여러 일을 동시에 수행할 수 있는
멀티태스킹 역량을 발휘할 수 있다.

현대 사회에서 일을 잘한다는 것은 멀티태스킹에 능하다는 것을
뜻한다. 한 번에 한 가지 일만 처리하는 능력은 누구에게나 있다. 문
제는 한 번에 하나가 아닌 여러 일을 한꺼번에 해내야 한다는 것이
다. 그런데 시간 관리에 실패하는 많은 사람들의 문제는 여러 일을

동시에 수행하는 능력이 부족하다는 것이다. 이런 사람들은 "난 항상 열심히 일하고 시간에 쫓겨 사는데 왜 항상 진도가 늦고 하는 일 없이 시간만 흘려보내는 것 같을까?"라며 자책한다.

문제는 현재 주어진 일 그것에 급급해 일처리를 하기 때문에 발생한다. 내게 주어진 일은 하나가 아니다. 항상 여러 개를 동시에 해야하기 때문에 일은 해도해도 끝없는 것처럼 느껴진다. 게다가 상사가지금 당장 해야 한다고 요청하는 급한 일은 하루가 멀다 하고 들어온다. 매번 그때마다 그 일을 처리하는 데 시간을 쏟다 보면 정작 기존에 해 오던 일은 연속성을 잃어버리고 공중으로 분해되어 버린다. 시간과 일을 잘 통제하려면 하나가 아닌 여러 개의 일을 동시다발적으로 처리하고 있다는 전제 하에 업무를 균형 있게 진단하고 처리할수 있어야 한다.

몰입과 조망을 자유롭게 하는 멀티태스킹 역량

필자는 회사 생활을 하면서 책을 집필하고 있다. 1995년부터 현재까지 약 50여 권 넘는 책을 집필했으며, 다양한 강의와 컨퍼런스 발표 등을 하고 있다. 한때는 회사 생활을 하면서 대학 겸임 교수도 했었다. 그렇다고 필자가 회사 생활을 등한시하거나 회사에서 업무 역량이 떨어진다고 주의를 받는 것도 아니다. 물론 일도 한두 개가 아닌여러 개의 프로젝트를 맡아 동시에 처리하고 있다. 회사 업무만 해도

10 _ 내 주제에 맞는 일을 맡자

할 일이 많을 텐데 어떻게 다양한 개인 활동까지 왕성하게 할 수 있는 것일까?

그 비결이 바로 멀티태스킹에 능숙하기 때문이다. 현재 진행하고 있는 일에 집중하면서도 그 집중에서 즉시 헤어나와 그 외 진행해야 하는 업무들을 항상 직시하고, 이를 파악하고 있다는 것이 멀티태스킹에 능숙하다는 것이다. 마치 헬리콥터처럼 때로는 낮게, 때로는 높게 날 수 있어야 한다.

멀티태스킹에 능숙하려면, 현재 진행 중인 여러 업무들을 전체적으로 조망할 수 있어야 하며(헬리콥터처럼 높게 날고), 현재 진행하는 업무에 몰입할 때에는 집중해서 그 업무에만 주력해야 한다(헬리콥터처럼 낮게 난다). 자유자재로 몰입과 조망을 왔다갔다하며 일을 처리할 수 있어야 멀티태스킹이 자유로울 수 있다.

| 강연이나 발표를 능숙하게 해내는 팁 |

전체와 일부를 넘나들며 볼 수 있는 시각을 갖추게 되면 보고서 발표나 강연에서도 큰 도움이 된다. 의사 결정권자를 설득하거나 특정 대상들에게 메시지를 전달하는 데 프레젠테이션(PT)이 널리 이용되고 있다. PT는 화면 하나하나에 보다 짜임새 있고 비주얼한 이미지를 담아 설득력을 높여준다. 단, 잊어서는 안되는 것이 화면 한 장에 담긴 일부의 메시지가 아닌 PT 전체의 스토리가 무슨 목적으로 어떻게 연계되어 구성되었는가이다. 각각의 화면들이 상호 연계가 어떻게 되어서 전체의 스토리를 담고 있는지를 잊지 않아야 일부의 메시지가 모여 큰 전체의 의도를 제대로 전달할 수 있다.

이를 위해서 발표 자료를 한 장에 담아 각 페이지 하나하나가 전체 구성에 어떤 역할을 하고 상호 연결이 어떻게 되어 있는지를 파악할 수 있어야 한다. 가장 좋은 방법은 파워포인트의 여러 슬라이드 보기나 키노트의 라이트 테이블 보기를 이용해서 발표 자료의 각 페이지를 작은 썸네일 이미지로 보고, 이를 A4에 인쇄해서 한눈에 볼 수 있도록 하는 것이다. 이후 각 페이지에서 언급해야 할 핵심 키워드와 각각의 페이지가 상호 어떻게 연계되는지를 파악하면서 발표 연습하는 것을 추천한다.

발표할 PT 내용을 A4 1페이지에 인쇄해서 전체 내용을 한눈에 확인한다.

특히 실제 발표나 강연 진행시에 앞서 인쇄한 한 장의 종이를 노트북 위에 올려 두고, 전체 스토리에서 내가 현재 발표하고 있는 화면이 어디쯤 위치해 있고, 어떤 핵심 메시지를 전달하는지 잊지 않아야 한다.

발표, 강연을 진행하면서 전체 스토리와 현재 발표하는 내용을 비교해 가며 파악한다

이렇게 전체와 부분을 비교해 가며 발표할 수 있게 되면, 발표 도중에 미리 준비한 발표 자료 순서를 벗어나 임의의 순서로 진행하는 것도 가능해진다. 즉, 청중의 반응을 보면서 계획했던 발표 자료의 순서를 변경해 즉흥적으로 바꿔 가며 발표를 진행하는 것도 가능하다. 이때 유용한 것이 맥북 프로에서 제공되는 터치바이다. 터치바를 이용하면 슬라이드쇼의 순서를 즉시 임의 조정해 가며 발표 진행하는 것도 가능하다. 또한, 파워포인트나 키노트 내에 제공되는 발표자를 위한 기능을 활용해 순서대로 슬라이드쇼를 진행하는 것이 아닌 특정 페이지를 바로 보이게 할 수 있다. 이렇게 상황에 맞춰 유연하게 발표를 전개할 수 있으면 최고의 프레젠터가 될 수 있다.

11

엉덩이의 힘으로
머리를 이겨라

아무리 똑똑해도 부지런함을 이길 순 없다. 토끼와 거북이의 경주에
서 결국에 거북이가 이기는 것처럼 꾸준하고 성실한 사람을 잔꾀 많
은 머리로 이길 순 없다. 인생은 1~2년으로 성패가 갈리지 않는다.
수십 년의 마라톤에서 핵심적인 시간 관리 비법은 성실함이다. 성실
함이 결국에는 스마트함을 이긴다. 단, 성실하기만 하면 절대 스마트
함을 이길 수 없고 더 성실한 사람을 이기기 어렵다. 또 그렇게 매년
성실하게만 일하다가는 몸이 남아나질 않는다. 그렇기에 성실하게
일하면서 스마트한 역량을 키워야 좀 더 여유로운 성실함으로 일처
리를 보다 수월하게 해낼 수 있다.

| 똑똑함은 성실함을 이길 수 없다 |

42.195㎞를 한결같이 달리는 것이 마라톤의 왕도이다. 아주 간단한 왕도이지만 아무나 실천할 수 없다. 그러니 마라톤의 승자는 꾸준한 연습을 통해 몸을 단련하고 강인한 의지로 마음을 다스릴 수 있어야 한다. 업무에서의 시간 관리 역시 이와 마찬가지로 아주 간단한 왕도를 가지고 있다. 42년 넘게 꾸준하고 성실하게 일을 하는 것이 시간 관리의 왕도이다.

성실한 삶에 대한 태도는 아무리 강조해도 지나치지 않다. 그런 성실함은 교육이나 학습을 통해서 얻을 수 있는 것이 아니다. 그렇다고 마음을 다잡는다고 해서 없던 성실함이 생기는 것도 아니다. 그렇기에 성실한 사람을 이길 수 없는 것이다. 성실한 업무 태도를 견지

하려면 하루하루 끊임없는 나태함의 유혹과 싸워야 한다. 아침 출근 시간을 준수하는 것에서부터 성실함을 키울 수 있으며, 작은 목표를 설정하고 이를 달성해 가는 습관을 들이는 것을 통해서 성실함을 키워갈 수 있다.

똑똑한 친구들의 가장 큰 단점은 똑똑한 두뇌를 믿고 게으르다는 점이다. 남보다 짧은 시간을 투입해도 업무 생산성과 산출물의 퀄리티가 높기에 게으를지라도 인정받고 승승장구하는 것이 똑똑한 인재들의 강점이다. 하지만 시간이 흐를수록 똑똑함은 퇴색되기 마련이다. 똑똑함을 유지하기 위해서는 지속적인 학습과 경험이 필요하다. 덜 똑똑하지만 성실한 친구들은 꾸준함 속에서 비록 느리지만 인정을 받고 똑똑함을 키워 나갈 수 있다. 절대 똑똑함을 믿지 말고 성실함을 믿어라.

하지만 누구나 아는 간단한 법칙이지만 그렇게 시간을 성실하게 사용하는 것은 쉽지 않다. 밤새워 일해야 한다는 것을 알지만 우리를 나태에 빠뜨리는 유혹은 주변 도처에 있다. 특히 그러한 성실함이 1년, 3년, 5년, 10년으로 지속되기는 더더욱 어렵다. 어떻게 42년간 그렇게 성실하게만 일할 수 있겠는가? 그러니 성실함으로 똑똑함을 키워야 한다. 성실하게만 일하지 말고 성실함 속에서 스마트함을 키워 점차 투입되는 시간을 줄여 여유로움을 찾아야 한다. 그래야 5년, 10년, 20년이 지나면 투입되는 업무 시간은 줄이면서 생산성은 유지할 수 있다.

| 사명감으로 완수하는 뚝심의 힘 |

성실하게 일하는 습관에 있어 중요한 동기 중 하나가 사명감이다. 성실한 태도를 키우는 가장 좋은 방법은 업무에 대한 책임감과 사명감을 갖는 것이다. 목적 없이 오로지 열심히, 성실하게 일하는 것은 충분한 동기 부여가 되지 않는다. 열심히 살고자 하는 것도 행복을 추구하거나, 구체적으로는 돈을 많이 벌고 싶거나, 그저 일이 좋아서라는 목적이 있는 것처럼 성실하게 일하는 것도 그 목적이 있어야 동기 부여에 의해 꾸준할 수 있다.

그러한 동기 부여로 적당한 것이 사명감, 책임감이다. 물론 최고의 동기 부여는 그저 일이 좋고 즐거워서 성실하게 하는 것이다. 하지만 즐기면서 일을 하는 천운을 가진 직장인은 그리 많지 않다. 그럴 때에는 사명감을 동기 부여로 삼는 것이 좋다. 우리가 직장에 다니는 이유는 생존을 위한 것이고, 돈을 벌기 위함이다. 또 사회 기여나 남다른 기업가 정신을 가지고 일을 하는 경우도 있다. 대부분은 생존을 위해 돈을 벌려고 직장 생활을 하고 그 돈은 많을수록 좋다. 더 많은 돈을 받기 위해서는 그만한 성과와 기여를 회사에 해야 한다. 반대로 회사는 성과가 적고 생산성이 떨어지는 직원을 해고할 이유가 있다.

성실하게 업무에 임하는 데 있어 동기 부여가 될 수 있는 것이 바

11 _ 엉덩이의 힘으로 머리를 이겨라

로 사명감이다. 내가 회사에 게으른 태도를 보여 근태가 좋지 않아 성과가 없다면 회사는 사정의 칼을 들이밀 것이다. 당장 정리 해고가 되지 않더라도 시간이 흐를수록 난 항상 진화하지 못하고 제자리에 있게 되고 나를 거쳐 위로 올라가는 동료들은 많아질 것이다. 그러므로 맡은 일에 대한 사명감과 책임감으로 회사에 기여해야만 한다는 동기 부여를 통해 지속적으로 자기 암시를 심어 성실함의 태도를 견지할 수 있도록 한다.

| 작은 목표로 큰 목적 달성하기 |

어쩔 수 없이 해야 하는 사명감이나 책임감보다 더 훌륭한 동기 부여 방식은 작은 목표를 달성하며 느끼는 희열이다. 너무 멀리 있어 아무리 노력해도 잡을 수 없는 별은 허황된 꿈이기에 그것을 잡으려는 의지를 초라하게 만든다. 하지만 조금만 노력하면 잡을 수 있는 눈앞에 보이는 손 닿을 곳의 목표는 용기를 북돋워 준다. 산을 올라갈 때, 정복해야 할 정상이 너무 높으면 오르고 싶은 의욕이 꺾이기 마련이다. 하지만 조금만 올라가면 정상이라는 자기 세뇌는 정상 정복에 대한 의지를 불태워 주기 마련이다.

성실하게 일을 꾸준히 하려면 목표를 아주 작은 단위로 잘게 부숴 작은 목표를 하루하루 달성하며 희열을 느낄 수 있도록 해야 한다. 목표를 작게 세워 조금만 노력하면 목표를 달성할 수 있다는 확신과 의지를 북돋게 만들어 준다. 특히 목표를 달성한 이후에는 그에 대한 충분한 즐거움과 보상을 누려야 한다. 그 보상은 또 다른 목표에 도전할 수 있는 원동력이 되기 때문이다.

11 _ 엉덩이의 힘으로 머리를 이겨라

작은 목표 설정의 사례

▶ 업무 내역: 1/4분기 이벤트 효과 분석

▶ 큰 목표: 차기 이벤트 진행에 실질적 참고가 될 수 있는 자세한 보고서 작성

▶ 4.3 목표: 이벤트 응모자와 당첨자 수에 대한 자료를 엑셀로 집계

▶ 4.4 목표: 이벤트에 들어간 총 소요 경비와 세부 항목에 대해 문서로 작성

▶ 4.6 목표: 해당 이벤트에 대한 신문 기사와 인터넷 언급에 대한 개수, 날짜, 제목 정리

▶ 4.10 목표: 엑셀로 정리한 데이터 집계 자료와 이를 토대로 그래프화한 파워포인트 1차 작성

작은 목표를 달성해 가며 느끼는 즐거움은 꾸준하게 성실한 업무 태도를 유지할 수 있도록 해준다. 그것이 습관화되면 더 큰 목표를 향해 뛸 수 있는 강인한 끈기를 길러 준다. 지금 당장 오늘 내에 도달할 수 있는 작은 목표를 세워 보자. 그리고 매일 그 목표를 조금씩 높여서 목표를 꿈에 가깝게 만들어 가자. 이렇게 하면 시간 관리의 가장 기본적인 기술인 성실함에 어느새 다가가 있는 자신을 발견할 수 있을 것이다.

단, 이 과정에서 유념해야 할 것은 목적이다. 산을 오르는 목적이 마음의 평안을 위한 것인지, 성취감을 얻고자 하는 것인지, 오르는 과정을 함께 하는 동반자와의 소통을 통한 유대감을 가지고자 하는 것인지 등에 따라 그 목표는 달라질 수 있다. 또한 목표 달성 과정에 목적에 위배되는 것을 발견할 수 있다. 그러므로 목적을 늘 유념하며

목표를 달성하도록 해야 한다. 목표가 숫자 중심의 정량적이라면 목적은 의도 중심의 정성적이다.

| 내 시간 조망하기 |

내가 시간을 어떻게 활용하고 있는지 한눈에 살펴보는 가장 좋은 방법은 과거의 시간 사용 내역을 관찰하는 것이다. 아웃룩, 구글 캘린더 등의 디지털 스케줄표를 이용해서 내 과거와 현재의 시간이 어떻게 짜여져 있는지를 보면 내 시간에 부족한 부분은 무엇인지를 알 수 있다. 이때 효과적으로 활용할 수 있는 것이 시간표에 색상을 표시하는 것이다.

구글 캘린더에 색상으로 구분된 일정 내역들

예를 들어, 시간 내역 중에서 회사 업무와 별개로 비즈니스 활동을
한 것(예로 부업이나 아르바이트 등)은 녹색으로 표시하고, 새로운 경험이
나 도전(예로 교육이나 새로운 사람과의 만남)은 파란색, 회사 업무와 직접

적으로 관련된 모든 것은 빨간색으로 표시한다. 그리고 가족이나 친구와의 만남과 약속은 노란색 등으로 표기한다. 이렇게 색상으로 구분해서 표기해 두면 내 전체 시간이 어느 쪽에 치우쳐 있는지를 한눈에 알 수 있다. 오로지 모든 시간표가 빨간색으로 표시되어 있다면 파란색과 녹색에 좀 더 많은 시간을 할애해야 한다.

11 _ 엉덩이의 힘으로 머리를 이겨라

12

업무를 진행하는 4가지 방식

업무 진행 방식에는 크게 실행, 위임, 연기, 제거 등의 네 가지로 구분할 수 있다. 실행은 직접 업무를 처리하는 것을 말하며, 제거는 해당 일을 하지 않는 것이다. 위임은 다른 사람에게 그 일을 맡기는 것이며, 연기는 다음으로 미루는 것이다. 비록 직장에서 리더의 권한이나 직위가 없더라도 크고 작은 일에 대해 이 네 가지의 방식으로 업무를 진단하고 처리하면 시간 관리가 훨씬 수월해진다. 하지만 대개 우리는 일이 주어지면 닥치는 대로 바로 일에 빠져 허우적대서 이런 관망의 시간을 갖지 못한다.

| 업무 진행 과정 5단계 |

#1 경쟁사의 신규 상품 벤치마킹을 위한 자료 조사 → 실행

#2 시장의 현황과 소비자 만족도 조사 → 제거

#3 조사된 자료에 대한 정리 → 위임

#4 신규 상품에 대한 아이디어 도출 → 실행

#5 기획 문서 작성과 내용 구성 → 연기

특히 업무 우선순위도가 높은 중요한 일을 할 때는 주어진 업무를 처리하는 과정을 세부적으로 구분해서 분류해 보는 것이 좋다. 또한 직장에서 일을 지시하는 상급자의 위치(PM)에 있다면 더더욱 각각의 일을 분해해서 적절하게 업무 방식을 구분해야 한다. 직접 할 수 있는 일이라면 실행하면 되지만, 본인이 할 수 없거나 업무 역량을 극대화할 수 없는 일이라 판단된다면 타인에게 위임해야 한다. 또한 일을 하는 데 시간이 좀 더 필요하거나 나중에 하는 것이 좋다는 판단이 든다면 연기해야 한다. 이때 가장 중요한 것은 일을 없애는 것이다.

시간 관리의 마지막 단계는 빠르게 일처리를 하거나 좀 더 많은 시간을 할애해서 일을 하는 것이 아니라 일을 효율적으로 줄이는 것이다. 즉, 굳이 하지 않아도 되는 불필요한 일의 개수를 줄여 시간의 낭비를 최소화하는 것이 최선의 시간 관리 비법이다. 그 과정에서 굳이 너무 많은 시간을 투입하지 않아도 되는 일 즉, 퀄리티를 희생할 수 있는 일을 체크해 과한 리소스가 투입되지 않도록 안배하는 지혜

12 _ 업무를 진행하는 4가지 방식

도 필요하다. 이렇게 굳이 하지 않아도 되는 일이라면 과감하게 제거해서 일을 줄이는 것이 중요하다.

| 일의 중단과 연기의 기준 |

일의 제거나 연기는 귀찮거나, 바쁘거나, 하기 싫어서가 아닌 그 일이 아무런 가치가 없기 때문이어야 한다. 즉, 일의 산출물이 가치가 없다는 판단이 들어야 일을 제거하거나 연기해야 한다. 단, 그에 대한 판단은 신중해야 한다. 특히 내 스스로 판단해서 일을 시작하는 것이 아닌 지시에 의해 일을 시작해야 하는 경우라면 더더욱 그 판단은 임의로 해서는 안된다. 만일 판단하건대 일의 가치가 느껴지지 않는다면 일에 들어가는 산출물의 퀄리티를 낮추는 방법으로 시간을 최소화하는 지혜가 필요하다. 그 일에 집중하면 그만큼 시간의 기회비용이 낭비되어 더 중요한 가치 있는 다른 일에 투입되는 시간이 줄어들 수 있기 때문이다. 그 판단은 온전히 개인의 몫이고 그 판단을 효과적으로 하는 지혜가 결국 시간 관리를 통해 개인의 역량과 능력을 강화시켜 준다.

| 권한 위임의 중요성 |

책임과 권한을 많이 맡은 사람일수록 시간이 부족하기 마련이다. 신경 쓰고 관리, 감독해야 할 일들이 많기 때문이다. 이처럼 여러 프로젝트를 책임지고 있는 사람에게 효율적인 시간 관리란 권한 위임에서 찾을 수 있다. 즉, 자기가 맡은 모든 일들을 혼자 책임지고 관리하려는 것을 버려야 한다. 또한 스스로의 권한을 나눠 배분할 수 있어야 한다. 책임과 권한을 나눔으로써 일에 들어가는 시간과 업무 부하도 줄일 수 있다.

권한 위임이란 그저 일을 나누는 것이 아니다. 일에 대한 책임과 업무 부담만 넘기는 것이 아니라 권한도 함께 주는 것이다. 단순한 업무 지시와 권한 위임은 다르다. 권한 위임은 일에 대한 통제권도 함께 주는 것이다. 일을 처리할 수 있는 리소스와 일정 그리고 산출물의 퀄리티 등에 대한 가이드만 제시하고 A부터 Z까지 모든 책임과 권한을 담당자에게 위임하는 것이다.

자기 계발의 기회

권한 위임으로 맡긴 일은 중간에 피드백을 주고 업무 지시를 할 필요가 없다. 오로지 일의 시작과 끝만 파악하면 된다. 그 일이 잘되고 안되고는 그 일을 맡은 사람의 책임일 뿐이다. 권한 위임을 많이 할수록 전체 직원의 역량이 개발되고 능력이 향상된다. 모든 일을 혼자서 처리하고 직원들을 꼭두각시처럼 지시받은 일만 처리하도록 만들면 내 시간은 여유롭지 못하다. 내 시간을 좀 더 생산적인 일에 투입하기 위해서는 시간의 여유를 만들 수 있어야 한다. 그 시간의 여유는 권한 위임으로부터 시작된다.

권한 위임으로 일을 위임할 때에는 시작할 때 가이드를 주고, 끝났을 때 학습의 기회를 주는 것으로 마무리해야 한다. 중간에 절대 간섭하고 관여하지 않아야 한다. 권한 위임한 일을 중간에 관여하게 되면 그 일이 성공하든, 실패하든 그를 통해 배울 수 있는 기회를 놓치게 된다. 일이 비록 실패하더라도 실패 사유를 분석하고 그를 통해 배움의 기회를 제공하면 그 다음의 일처리에 도움이 된다. 그러므로 위임한 일이 마무리된 이후에는 학습의 기회를 제공할 수 있도록 충분한 피드백을 줘야 한다.

단, 내부가 아닌 외부 아웃소싱 등으로 일을 맡긴 것이라면 다르다. 아웃소싱은 필요한 업무에 용병을 쓴 것이니 자주 확인하고 간섭해야 한다. 최고의 산출물을 얻을 수 있도록 자주 들여다보면서 피드백을 줘야 한다.

🕛 느긋한 기다림의 미학

성급한 관리자의 최대 단점은 기다림의 미학이 없다는 것이다. 관리자들은 그 자리에 오르기까지 산전수전을 겪었기에 똑똑한 것이 일반적이다(혹은 지극히 기회주의적인 정치에 능숙하거나). 그래서 일을 위임하고서 불안한 마음에 일을 중간중간 체크하기 마련이다. 일처리가 마음에 들지 않거나 잘못된 것이 있으면 당장 고치려 든다. 문제가 발생할 것을 알기에 미리 칼자루를 뽑는 것이다. 하지만 그렇게 매번 중간에 끼어들게 되면 앞으로도 계속 모든 일에 참견해야 한다. 그것은 시간을 조급하게 만들어 좀 더 중요한 일을 할 수 있는 여유로움을 갖지 못하게 한다. 권한 위임을 한 일에 대해서는 느긋한 기다림의 미학이 필요하다. 비록 그 일이 잘되지 않는 방향으로 간다 할지라도 지켜보고 나중에 그 문제를 지적해서 가슴 절절히 배울 수 있는 기회를 만들어 줘야 한다. 부하 직원들이 성장해야 상사도 성장할 수 있는 것이다.

12 _ 업무를 진행하는 4가지 방식

13

〰〰〰〰〰〰〰〰〰〰〰

리더는 실무 시간을
줄여 줘야 한다

최악의 리더는 멍청하고 부지런한, 일명 '멍부형' 리더이다. 능력이 부족하면 차라리 게을러야 부하 직원들이 부질없는 일을 하지 않을 수 있다. 무식하게 성실하면 차라리 게으른 것만 못하다. 즉, 성실함의 전제는 스마트해야 한다는 것이다. 그 스마트함이 고도화되어야 시간도 단축된다. 즉, 스마트해지면 다소 게을러도 충분한 여유를 가지고 편안하게 일을 할 수 있다. 그것이 리더의 시간 관리이다.

| 서로 다른 두 명의 리더 |

한때 모시고 일하던 리더분이 카리스마 있고 상당히 부지런했다. 아침 7시 이전이면 출근하고 밤 9시가 지나서야 퇴근하는 성실함과 열정으로 중무장한 분이셨다. 하지만 문제는 실무와 전문 지식이 부족했다는 점이다. 과거에 본인이 맡던 산업과는 다른 부문의 산업 분야이기에 산업 특성이나 업무 내역에 대해 무지했다. 하지만 그 리더는 스스로의 부족함을 인정하지도, 부하 직원을 믿지도 않았다. A부터 Z까지 모든 것을 챙겼으며 전문 지식을 가진 직원들의 말을 듣지 않고 자신의 고집만 부렸다. 직원들이 잘 처리해 둔 일마저도 잘못된 지식과 판단으로 엉망으로 만들기 일쑤였다. 아침부터 밤 늦게까지 그 분이 잘못 의사 결정한 일들을 뒤처리하고, 불필요한 업무 요청을 해야 했기에 많은 직원들이 힘겨워했다.

13 _ 리더는 실무 시간을 줄여 줘야 한다

반면, 10년 넘게 베테랑으로 근무했던 부장님은 전문 지식은 탁월했지만 책상에 앉아 있는 것을 못 볼 만큼 외부 활동이 잦았다. 아침 9시에 잠깐 출근한 이후에는 외근과 출장으로 만나 보기 어려울 정도였다. 자주 보지 못하다 보니 그 분은 권한 위임을 통해 부하 직원들에게 업무에 대한 권한과 책임을 적절하게 분배했다. 부하 직원을 믿고 직원의 의사 결정을 존중했다. 하지만 해당 분야에 대한 지식이 탁월했기에 잘못 진행되고 있는 일은 바로 지적을 했고, 합리적인 의사 결정을 통해 불필요하게 일을 반복하지 않고 한번에 해치울 수 있도록 해주었다. 비록 회사에서 자주 보지 못하고 직원들과 시간을 많이 가지지 않았지만 훌륭한 인사이트로 직원들이 업무를 효율적으로 할 수 있도록 교통정리를 해주었다.

전자가 '멍부형' 리더라고 한다면, 후자가 '똑게형' 리더이다. 멍청하다면 차라리 게으른 것이 낫다. 또한 똑똑하다면 직원들이 스스로 성장하고 발전할 수 있도록 지켜봐 주는 여유로움이 필요하다.

| 멍부, 멍게, 똑부, 똑게의 차이 |

멍청하지만 부지런한 리더, 멍청하고 게으른 리더, 똑똑하면서 부지런한 리더 그리고 똑똑하지만 게으른 리더 중에 어떤 리더가 가장 편할까? 또 어떤 리더가 가장 훌륭

할까? 획일적으로 이들 네 가지 유형의 리더에 대해 판단할 수 없지만 일반적으로 '똑게 > 멍게 > 똑부 > 멍부' 순으로 평가를 할 수 있다.

왜 똑똑하지만 게으른 리더가 가장 평가가 좋고, 멍청하지만 부지런한 리더가 최악일까? 리더가 아닌 일반 직원이라면 '똑부 > 멍부 > 똑게 > 멍게'의 순으로 평가를 할 수 있다. 리더와 개인의 평가가 다른 이유는 리더는 모든 사람의 시간을 관리해야 하기 때문이다. 만일 멍청하면서 부지런한 리더라면 직원 전체의 시간을 멍청하게 허비할 확률이 크다. 전쟁에서 제대로 전쟁터를 찾지 못해 이 산 저 산을 방황하며 전력을 소비하게 만들 수 있는 것이 '멍부'이다.

반면, 똑똑하면서 게으른 리더는 적절한 권한 위임을 통해서 비록 자신은 게으를지라도 전체 직원들이 효율적으로 일할 수 있도록 만들 수 있다. 하지만 똑똑하면서 부지런하면 리더 자신은 바쁘게 일하면서 직원들의 시간을 효율적으로 활용하지 못해 전체 시간의 효용성이 떨어질 우려가 있다. 그런 이유로 차라리 똑똑하면서 부지런한 것보다는 멍청하면서 게으른 리더가 나을 수 있다. 비록 방향을 잘못 결정할 수는 있지만 게으르기에 전체의 시간이 효율적으로 활용될 가능성이 있기 때문이다. 하지만 모두의 시간을 관리하는 리더가 아닌 일반 직장인에게는 그 무엇보다 중요한 것이 부지런함이다.

| 리더의 팀 시간 관리 |

리더의 시간 관리는 개인의 시간 관리와 다르다. 내가 아닌 우리 모두의 시간을 관리해야 하기 때문이다. 팀의 시간을 관리한다는 것은 단지 프로젝트를 관리하고 업무를 관리하는 것과는 다르다. 팀원의 역량과 업무량 등을 종합적으로 판단해서 일을 효율적으로 배분하고 불필요하게 낭비되는 시간을 최소화할 수 있어야 하기에 거시적 시각과 미시적인 시각 모두를 갖추고 있어야 한다.

 헬리콥터 리더십 이야기

리더십에 대한 다양한 이야기 중에서 최근 주목받는 것이 헬리콥터 리더십이다. 헬리콥터 리더십은 마치 헬리콥터가 때로는 저공 비행, 때로는 고공 비행을 하는 것처럼 사안에 따라 전체를 조망하기도 하고, 디테일한 실무적인 부분을 살펴볼 수 있는 관점을 가진 리더십을 말한다. 디테일한 실무에도 강해서 문제 발생 시에 세부적으로 들여다보면서 문제 해결을 하고 충고를 할 수 있는 것은 물론, 전략적인 인사이트를 가지고 시장의 트렌드와 경쟁사를 벤치마킹하며 전략적인 방향을 제시할 수 있는 두 가지 모두를 요구하는 것이다. 그렇게 하기 위해서는 시기적절하게 헬리콥터처럼 수직 하강과 상승을 반복하며 두 가지의 관점을 두루 가질 수 있어야 한다.

그들의 시간을 관리하는 테크닉

그들의 시간을 관리하려면 그들에 대해 알아야 한다. 물론 일에 대해서도 알아야 한다. 그들이 가지고 있는 업무 역량과 업무 성향과 특장점을 파악하고 있어야 한다. 같은 일이라 할지라도 업무 경험과 능력에 따라서 일처리 시간은 달라지기 마련이다. 더 중요한 것은 그들은 항상 어떤 일이라도 당장 투입될 수 있는 준비 상태에 있지 않다. 각자 모두 열심히 어떤 일이든 열심히 하고 있는 중이다. 그런 그들에게 갑작스럽게 일을 할당하고 마감 시간을 정해 주면 그들이 현재 어떤 일을 하고 있는지, 업무 우선순위는 어떻게 조정해 줘야 할지를 파악하고 있어야 한다.

 ### 그들에 대해서 알아야 할 점

1 업무 지식과 역량 그리고 특정 업무의 경험 여부와 특장점

2 현재 맡고 있는 업무 내역

3 그들의 업무 분장 내역

13 _ 리더는 실무 시간을 줄여 줘야 한다

팀의 시간을 관리할 때 팀원 개개인의 시간을 모두 통제하고, 관리하려 해서는 안된다. 사실 내 시간처럼 철저하게 관리할 수 있다면 최선이다. 하지만 그렇게 시간을 통제할 수 없기 때문에 그런 마음가짐으로 팀의 시간을 관리하려 들면 실패하게 된다. 실질적 시간 관리는 각자 개인이 하도록 하되, 리더는 업무 마감 시간에 대한 체크와 문제 발생 시 대안을 찾을 수 있도록 팀의 시간에 여유를 마련해 둬야 한다.

즉, 팀원들 각자가 상시로 해야 하는 업무를 중심으로 업무 분장을 해서 각자 수시로 늘 해야만 하는 업무를 명확하게 명시화해서 알려야 한다. 'A 일은 누가 맡고 있다'는 사실을 공지해서 누구나 알 수 있도록 해야 한다. 수시 업무가 아닌 때때로 진행해야 하는 일은 각자가 가진 업무 역량에 따라 적절하게 할당해 준다. 업무 할당 시에는 업무 마감 시간을 지정해 주되, 늦어질 것을 대비해서 마감 시간을 미리 앞당겨 고지하는 센스가 필요하다. 상황에 따라 두 사람 이상에게 일을 맡기도록 해서 문제 발생 시 빠르게 해결할 수 있는 여유를 만들어 두는 것도 좋다.

팀의 시간을 관리하면서 겪는 최대 문제점은 일의 절대량이 많아 발생하는 것이다. 절대 시간과 팀 리소스의 부족으로 일을 할당할 사람이 없는 경우가 발생하기 마련이다. 이때 리더의 역할이 중요하다. 리소스 부족으로 일의 할당이 부족하다는 판단을 할 수 있고 없고가 중요하다. 대부분 리더는 그런 판단조차 하지 못하는 경우가 태반이다. 그것은 팀의 시간 관리, 업무 관리를 철저하게 하지 않고 있기 때문이다.

팀이 가진 업무 내역과 팀원들의 시간을 충분히 고려하고 있다면, 새로운 일을 벌리지 않거나 업무 우선순위를 조정해서 일을 연기하는 지혜를 발휘해야 한다. 혹은 팀의 리소스가 아닌 다른 팀에 위임을 하거나 외부에 아웃소싱 하는 방안도 고려해 볼 수 있다. 무조건 밤새우며 일을 마무리할 수 있도록 밀어붙이는 것은 비상 상황에서만 해야 한다.

| 똑똑한 리더의 시간 관리 |

일이란 이상하게 밀려서 들어오기 마련이다. 바쁠 때는 무척 바쁘고, 한가할 때는 한가하다. 개미와 배짱이의 교훈에서 알 수 있듯이 한가한 여름에 혹독한 겨울철을 미리 대비하는 지혜가 필요하다. 리더의 훌륭한 시간 관리는 바쁠 때 업무에 대한 우선순위를 지정해 주며 분배하는 것에 있지 않다. 오히려 한가해서 일이 적을 때 리더의 진정한 시간 관리 테크닉이 나온다. 한가할 때에 미리 추후에 발생할 일들을 예견하고, 미리 준비하도록 하는 지혜가 요구된다. 미래 예측은 오랜 업무 경험과 인사이트에서 나온다. 올 한 해 해야 할 전체 프로젝트와 업무 내역을 염두에 둔다면 한가한 지금 미리 준비하는 것이 나중에 바쁠 때 팀의 시간을 여유롭게 활용할 수 있다.

리더의 의사 결정 지연으로 인한 낭비

리더의 의사 결정은 신중하지만 신속해야 한다. 리더가 지지부진 의사 결정을 미루거나 피하게 되면 우리 모두의 시간은 낭비된다. 많은 리더들이 불분명한 의사 결정이나 지연, 책임 회피로 인해 소중한 우리의 시간을 낭비한다. 차라리 의사 결정이 중단으로 결정된다면, 그 시간을 다른 업무에 투입할 텐데 이도 저도 정하지 않음으로써 우리 모두를 수시 대기, 불필요한 업무 검토 등으로 시간을 허비하게 한다. 리더는 조직의 시간을 효율적으로 관리할 수 있어야 하며 기회비용까지도 계산해야 한다.

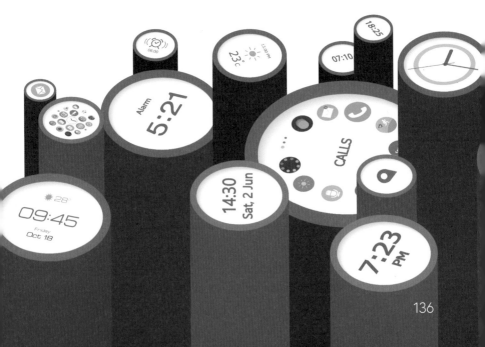

Ⅲ

시간 관리의
십계명

시간을 효율적으로 관리하며 업무를 능숙하게 처리하기 위해서는 마음가짐이나 원칙만으로는 부족하다. 이론보다는 구체적인 실천 방안이 있어야 하나하나 업무에 적용해 가며 실질적인 시간 관리가 가능하다. 시간 관리를 당장 실천하기 위한 열 가지의 실행 방침을 정리했다. 이 열 가지를 모두 한번에 하기 어렵고, 또 이 열 가지가 모든 사람의 업무 특성이나 개인의 성향에 100% 맞다라고 할 수 없다. 하지만 적어도 이 열 가지 중 3~4개는 당장 적용한다고 해서 손해될 것도 없고 맞지 않는다고 할 수 없다. 그러니 열 가지 중 당장 1~2개, 그리고 성과를 보면서 추가로 1~2개를 실천해 가면서 실행에 옮겨 보자. 틀림없이 큰 업무 성과를 얻을 수 있을 것이다.

14

〰〰〰〰〰〰〰〰〰〰〰〰

〈1〉 가장 빨리 할 수 있는 일부터 먼저 하라

누군가 내게 시간 관리를 실천하는 가장 효과적인 방법 하나를 꼽으라 하면 단연코 '10분 안에 처리할 수 있는 일을 가장 먼저 하라'는 것을 추천할 것이다. 다음으로 꼽으라면 '할 일을 잊지 않는 것'이다. 그 다음이 '하지 않아도 될 일을 솎아내 버려라'이다. 세 가지의 공통점은 모두 할 일과 관련되어 있다. 그만큼 할 일을 효과적으로 관리하는 것이 시간 관리의 가장 중요한 핵심이다.

| 시간 관리의 시작, 할 일 잊지 않기 |

오늘 내가 해야 할 일(TO DO)을 스스로 자각하고 있는가? 그 할 일을 구체적으로 나열할 수 있는가? 할 일이란 아주 거창한 프로젝트나 1주, 1개월 이상 걸리는 커다란 규모의 일을 말하는 것이 아니다. 당장 오늘 내가 해야 할 작은 업무들을 말한다. 그런 오늘 할 일을 나는 명확하게 알고 있는가? TO DO를 정확하게 잊지 않고 자각하고 있는 것만으로도 당신은 시간 관리의 가장 중요한 핵심 스킬을 습득하고 있다고 말할 수 있다. 시간 관리의 훌륭한 명언 중 하나인 '오늘 할 일을 내일로 미루지 말라'라는 말처럼 오늘 처리해야 할 업무를 내일로 미루는 것은 가장 피해야 할 철칙이다. 그런데 정작 중요한 것은 오늘 할 일 자체를 명확하게 파악하는 일이다. 오늘 할 일이 무엇인지조차 모른다면 나도 모르는 사이에 시간 관리의 가장 중요한 철칙 하나를 망각하게 된다.

블랙홀로 사라져 버리는 할 일들

직장인의 비애 중 하나는 한꺼번에 많은 일들이 쏟아져 들어온다는 점이다. 한 번에 한 가지 일만 할 수 있다면 좋으련만 회사 일은 여러 가지 일들이 한꺼번에 진행된다. 그러다 보니 일의 완성도는 떨어지고 제 시간에 끝내지 못하는 경우가 발생하기 마련이다. 특히 유념해야 할 것은 쏟아져 들어오는 업무 속에 내가 해야 할 일 자체가 중간에 사라져 버린다는 것이다.

회사에서 해야 할 일이란 것은 규모가 큰 것도 있지만 작은 것들도 있다. 특히 이 작은 업무들은 다양한 경로를 통해, 다양한 방법으로 요청받게 된다. 메일이나 정식 업무 요청서 등을 통해서 지시되는 것보다는 구두를 통해 전달받는 경우가 대부분이다. 식사를 하던 중, 엘리베이터에서 우연히 만난 도중, 회의를 하던 중, 전화를 하던 중에 업무 지시를 받게 된다.

그렇게 입수된 업무는 잠시 한눈 파는 사이에 블랙홀로 사라져 버린다. 누가, 언제까지, 왜 그 일을 시켰는지 제대로 기록해 두지 않으면 사라진다. 때로는 시킨 사람조차도 그것을 잊게 된다. 그렇게 사라져 버린 일들은 나중에 부메랑처럼 되돌아와 다른 업무에 영향을 주기 마련이다. 그러므로 해야 할 일은 잊지 않도록 기록해 두어야 한다. 기억력에 의존해서는 안된다. 항상 한 곳에서 내가 할 일을 확인할 수 있어야 한다. 내가 언제까지, 무엇을 해야 하는지를 기록해 두는 나만의 공간이 필요하다. 그 공간은 다이어리나 포스트잇 혹은 컴퓨터의 바탕 화면 그 어디든 좋다. 중요한 것은 항상 그곳에 할 일이 기록되어 있어야 한다는 것이다.

14 _ 〈1〉 가장 빨리 할 수 있는 일부터 먼저 하라

| 할 일 기록과 관리법 |

할 일은 반드시 메모로 기록을 해 두어야 한다. 절대 머리를 믿지 말고 내가 해야 할 일을 수시로 한 곳에 기록해야 한다. 내게 요청이 들어온 업무는 무조건 가장 먼저 할 일을 기록해 두는 창고에 기록해야 한다. TO DO(할 일)에 기록된 일은 항상 눈에 띌 수 있는 곳에 놓아 항상 내가 무엇을 해야 하는지 알 수 있도록 한다. 그렇다면 어디가 가장 좋을까?

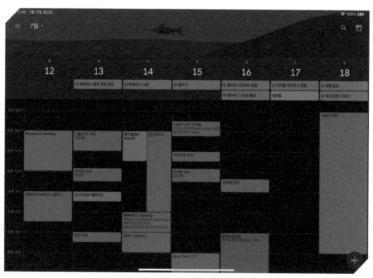

구글 태스크(tasks)를 태블릿의 구글 캘린더(Google Calendar) 앱으로 보는 모습

컴퓨터, 스마트폰, 노트북, 태블릿 어디서든 늘 데이터를 동기화하고 같은 내용으로 볼 수 있도록 할 일 관리 유틸리티를 이용하면 좋다. 스마트폰 앱에서 '할 일' 또는 'to do', 'task'로 검색하면 관련된 앱들을 쉽게 찾아볼 수 있다. 이들 앱 중에 컴퓨터에서도 같이 사용할 수 있는 것을 고르면 좋다. 아이폰에도 '미리 알림'이라는 앱이 있어 할 일을 쉽게 관리할 수 있도록 해준다. 나는 구글 캘린더에서 제공되는 '구글 태스크(google tasks)'라는 기능을 이용한다.

 ## TO DO 기록의 원칙

할 일을 기록하고 정리하는 원칙이 있다. 먼저 할 일은 우선 순위에 따라 번호를 매기고, 맨 뒤에 마감 날짜를 기록한다. 업무 요청자를 표기할 필요가 있다면 From을 이용하며, 이 일을 다른 담당자에게 요청한 것이라면 To를 통해서 담당자를 표시한다. 내가 타인에게 일을 시켰을 때 요청한 일을 잊지 않아야 한다. 앱을 이용하면 마감일, 생성일 기록과 정렬이 쉽기 때문에 이렇게 번거롭지 않게 기록, 정리가 가능하다는 장점이 있다.

1 모바일 위젯 시장 동향 조사 (~3.4/From구부장-To강지원)
2 하반기 마케팅 리서치 진행 확인 (~4.3/To김범준)
3 중국 스마트폰 시장 현황 파악 필요 (금/To황대표)

중요한 원칙은 할 일은 꾸준하게 한 곳에 기록하고 관리해야 한다는 것이다. 내게 들어온 모든 업무 요청은 아무리 사소한 것이라도 할 일 관리 앱에 기록해야 하며, 해결된 것은 바로 즉시 삭제해야 한다. 식사하러 가던 도중에 잠깐 만난 이사님이 요청한 업무, 엘리베이터에서 만난 김 부장이 요청한 업무, 내가 타 부서 등에 요청한 업무, 간단하지만 내가 처리해야 할 업무, 이 모든 것을 반드시 할 일 관리 앱에 간단하게 기록해서 잊지 않도록 해야 한다.

| 할 일에 대한 우선순위 조정 |

업무가 많아지다 보면 당연히 더 많은 시간을 투입해야 한다. 시간은 한정되어 있는데 해야 할 일은 많다면 당연히 더 시간을 투자해야 한다. 하지만 시간은 무한한 자원이 아니다. 그러므로 결국 24시간 중 잠잘 시간이나 밥 먹을 시간 등을 줄여서 업무 시간으로 전환해야 한다. 하지만 이러한 시간 투자가 계속되면 결국 경쟁력이 약화되고 만다. 업무 집중 투입을 위해 간혹 이러한 시간 활용은 피치 못할 선택이지만 상시적인 운영은 에너지를 고갈하게 만들 뿐이다(만일 이러한 것을 조장하는 회사에 근무한다면 회사를 그만두거나 그냥 순응하며 살아야 할 것이다).

업무량이 많아지면 당연히 우선순위 조정을 통해 먼저 해야 할 일을 발라내야 한다. 아무리 시간을 투입할지라도 여유 시간이 줄어들면 시간당 효율성이 떨어져 산출물의 질이 떨어질 수밖에 없기 때문이다. 그러므로 업무 시간은 그대로 둔 채, 우선순위 조정을 통해 중요하지 않은 일의 마감 시간을 조정하는 것이 필요하다. 이때 업무의 우선순위 조정은 어떻게 해야 할까? 스스로 판단하기 어려울 수 있다. 그때는 선임자(관리자)에게 물어 업무의 중요도를 파악한 다음 우선순위를 조정해야 한다. 중요도는 낮더라도 빠르게 처리할 수 있는 일이라서 가장 먼저 수행해야 할 것이 있고, 중요도가 높아 그 어떤 것보다 가장 먼저 처리해야 할 것이 있을 수 있다. 그에 대한 조정은 스스로의 판단이 아닌 선임자와의 협의를 통해야 한다.

| 10분 내 끝낼 수 있는 할 일을 가장 먼저 |

업무 우선순위를 조정하는 기본적인 지침은 선임자와 논의하는 것이지만, 이보다 상위 개념에 있는 철칙이 있다. 바로 10분 내 처리 가능한 빠르게 마감할 수 있는 일을 가장 우선순위에 두라는 것이다. 즉, 단시간 내에 할 수 있는 일이라면 미루지 말고 가장 먼저 완료하는 것이 좋다. 일의 양이 많아지면 심리적 압박감에 의해 시간당 업무 생산성이 떨어질 우려가 있다. 그러므로 즉시 처리 가능한 일이라면 가장 먼저 해결해서 TO DO의 개수를 줄이는 것이 좋다.

또한 즉각적인 처리가 가능한 업무 요청은 0순위로 두고 처리하는 것이 좋다. 일처리를 빠르게 한다는 소문이 나면 주변의 사람들은 나를 그렇게 대하기 마련이고, 나 역시 그에 맞게 행동하려고 한다. 주변에서 나를 바라보는 시각에 따라 나 역시도 그렇게 행동하려고 애쓰게 되는 것이 인간의 행동 심리이다. 그러므로 주변에 시간 관리의 달인이라는 소리를 들을 수 있도록 행동하면 그것이 결국 선순환 효과를 주어 자연스럽게 내가 시간 관리를 더 잘하게 되는 밑거름이 된다.

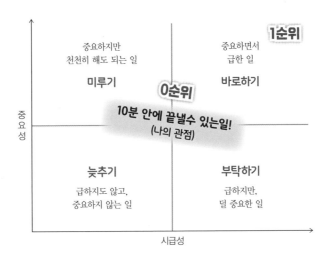

우선순위의 조정 기준

그렇다면 10분에 처리할 수 있는 일이란 무엇일까? 10분의 가치는 사람마다 다르고, 각자가 가진 역량이 다르기 때문에 10분에 처리할 수 있는 일도 결국 사람마다 다를 수밖에 없다. 오랜 고민 끝에 자료 검토를 해서 회신을 주지 않고 바로 의견을 줄 수 있는 것이나 메일을 잘 받았다는 정도의 확인일 것이다.

 10분 내 처리할 수 있는 업무 사례

1 메일을 잘 받았다는 회신 메일 쓰기
2 업무 위임과 요청하기
3 미팅을 위한 전화 걸기
4 회의 가능한 일정과 시간에 대한 회신 주기
5 참고할 자료, 보고서 공유하기

| 퇴근 전 완료된 일 정돈하기 |

할 일을 효율적으로 관리하는 습관으로 잊지 말아야 할 것은 출근 후 가장 먼저 오늘의 할 일을 체크하고, 퇴근 전에는 반드시 했어야 할 일에 대한 점검과 정리이다. 오늘 계획대로 할 일들을 모두 처리했는지 확인하고 마무리한 일에 대해서 정돈하는 습관이 중요하다. 일은 시작보다 끝내는 방법이 더 중요하다. 일을 마무리한 이후에는 산출물이 나오기 마련이다. 이렇게 완수 후 생산된 산출물을 차곡차곡 정리하고 명확히 일을 종료했다고 스스로에게 명시화하는 자세가 필요하다.

14 _ ⟨1⟩ 가장 빨리 할 수 있는 일부터 먼저 하라

퇴근을 하기 전에 오늘 내가 완수해 낸 일이 무엇이고 완료해서 일이 하나 줄어들었다는 것을 스스로 명확하게 인지해야 한다. 이렇게 일을 끝낸 즐거움을 느껴야 그 다음 일을 하는 데 큰 동기 부여가 된다. 하루를 마감하며 끝낸 일에 대해 확인하고 종료된 일은 기억에서, 할 일 관리 앱에서 말끔하게 없앤다.

 못 끝낸 일 분석하기

만일 예상대로 끝내지 못한 일은 그 이유를 분석해야 한다. 무엇 때문에 일이 연기되었는지를 확인하고 대안을 찾아야 한다. 더 중요한 것은 그 일이 연기됨으로 인하여 다른 일들까지도 여파를 줄 수 있다. 게다가 회사 일이란 나 혼자 하는 것이 아니라 여러 사람이 함께 하는 것이기에 제 시간에 못한 일은 다른 사람의 일에도 영향을 주기 마련이다. 그러므로 퇴근 전에 이렇게 문제된 일을 골라내고 원인 분석 후에는 다시 마감 시간을 조정하고 관련된 주변 동료들에게 그에 대한 공지를 해야 한다.

 내일 할 일 재정리하기

마지막으로 내일 할 일을 정리한다. 오늘 처리할 일과 처리 못한 일들을 나열하면서 내일 할 일을 재정리한다. 원래 내일 해야 할 일이 오늘 못한 일들로 인해 재조정해야 하는 것은 아닌지 고민하고 전체적으로 일의 순서를 조정해야 한다. 이러한 과정을 통해서 해야 할 일을 다시 한번 주지할 수 있다.

이러한 내역을 퇴근 전 10~20분 정도 시간을 만들어 매일 체크하는 습관을 들이는 것이 좋다. 이 같은 습관이 반복되면 불과 3~5분 정도만 투입해도 오늘에 대한 반성과 내일에 대한 확신을 금세 할 수 있다. 이러한 일 정리 습관은 일 단위, 주 단위, 월 단위 그리고 분기별, 연도별로 하는 것이 좋다. 매일매일 하루 일과를 정돈하는 습관이 들면 주, 월별로 정리하는 것도 익숙해진다.

단, 월별로 정리할 때에는 일의 범위가 일/주별로 체크하는 것과 달리 좀 더 큰 프로젝트 단위로 정리하는 것이 좋다. 작게 조각난 일들이 모이면 커다란 일 즉, 프로젝트가 된다. 월별로 정리할 때에는 내가 이번 달에 완수한 프로젝트가 무엇이었고, 다음 달에 처리해야 할 프로젝트는 무엇인지를 정리한다. 이렇게 정리한 내역들은 결국 내가 회사에서 처리한 프로젝트 리스트가 되고 이것은 곧, 이력 관리가 된다.

| 끝낸 일은 반드시 잊어라 |

일을 수행함에 있어 일을 끝낸 이후가 시작보다 더 중요하다. 일을 마쳤으면 반드시 끝마친 일에 대해 충분히 해방감을 느껴야 한다. 그것이 다음 일을 하는 데 생산성을 증대

시킨다. 일을 마치고도 뭔가 찝찝하고 부족한 느낌이라면 보람을 느낄 수 없다. 보람이 없으면 앞으로 더 나아갈 수 없다.

이를 위해서는 일을 끝내고 보람을 느낀 후 깨끗이 그 일을 잊어야 한다. 비록 부족함이 있고 아쉬움이 있더라도 끝난 일이라면 기억 속에서 완전히 지워야 한다. 끝난 일에 계속 신경 쓰고 마음의 짐을 담고 있으면 다른 업무 수행에 방해가 된다. 항상 머리에 기억하고 있어야 할 것은 앞으로 해야 할 일들(TO DOs)이다. 이미 끝낸 일은 지워야 한다. 물론 일을 통해 배운 경험과 지식은 고스란히 내공으로 쌓여야 하지만, 그 일 자체에 대한 기억은 버려라.

물론 끝낸 일을 지우는 것은 머릿속에서만 지워야 한다. 기존에 수행한 업무 내역들은 별도로 데이터베이스화해서 보관해야 한다. 머릿속에는 현재 진행 중인 업무들에 대한 것만 기억해 두고, 끝난 일들은 지우되 업무 결과물은 기록해 보관해야만 한다. 이 데이터는 고스란히 업무 경험으로 축적돼 업무 지식을 높여 향후 업무를 더 빠르게 하는 데 도움을 준다.

15

〰〰〰〰〰〰〰〰〰〰〰

〈2〉 자투리 시간과 업무 지체 지점 찾아내 효율화하기

업무를 보는 7시간 내내 집중력이 높으면 좋으련만 세상은 내 뜻대로 움직이지 않는다. 하루 대부분의 시간은 집중과는 거리가 멀다. 시끄러운 회사 내의 소음과 전화 벨소리, 각종 회의와 부산한 주변 분위기 속에서는 집중을 할래야 할 수 없다. 또한 집중이 잘 되는 시간은 그리 넉넉하지 않고 짧다. 그러므로 업무 집중이 잘 안되는 시간에는 집중을 요하지 않는 간단한 단순 반복 작업이나 정리 작업, 자료 수집 등의 업무를 하는 것이 좋다. 특히 업무가 손에 잡히지 않고 집중이 되지 않을 때에는 비부가가치 업무를 찾아 하는 것이 좋다.

| 자투리 시간 만들어 활용하기 |

어떤 일들이 비부가가치 업무일까? 시간을 투입하면 투입할수록 비례해서 산출물이 생산되는 일들이 그런 일에 속한다. 정보를 검색하거나 자료를 수집하거나 수집된 자료를 정리하는 일, 해야 할 일을 정돈하는 것, 전화 통화를 하는 것 등이 이런 것에 속한다. 특별히 머리를 많이 써야 하는 일들이 아니다. 혹은 회의를 통해 분위기 전환을 하는 것도 방법이다. 절대 멍하니 아무 것도 하지 않은 채 시간을 허비하지 않도록 해야 한다. 손에 일이 잡히지 않는 시간에는 비록 당장 할 필요는 없지만 미루어둔 단순 반복 업무와 비부가 가치 업무를 꺼내어 처리하는 바지런함이 필요하다.

24h 자투리 시간 활용법

시간을 효과적으로 관리하는 최후의 비결은 불필요한 시간 낭비를 줄이는 것이 아니라 낭비되는 시간을 효율적으로 활용하는 것이다. 어차피 아무리 노력해도 하루 24시간을 철저하게 아껴 쓸 수는 없다. 물을 아무리 줄이려고 해도 어쩔 수 없이 낭비되듯이 우리가 신이 아닌 이상 시간 역시 졸졸 흘러내리는 물처럼 낭비되는 것이 있기 마련이다. 이것을 줄이려고 노력하기 보다는 이 시간을 효율적으로 활용하려는 전략이 오히려 더 효과적이다.

이처럼 낭비되는 시간은 어떤 것이 있을까? 하루를 돌이켜 보면 많게는 2~3시간, 적게는 1시간가량 피치 못하게 낭비되는 시간들이 있다. 이 같은 자투리 시간은 줄이려 노력하지 말고 이 시간에 무엇인가 하려고 노력하는 것이 좋다. 자투리 시간에 비부가 가치 업무를 처리하면 시간 효용성이 높아진다.

 자투리 시간의 사례

1 기차나 버스를 타고 출퇴근하는 시간
2 병원이나 치과를 찾았을 때 기다리는 시간
3 비행기 안에서, 탑승을 기다리며, 짐이 나오기를 기다리는 시간
4 전화 중 '대기' 하고 있는 시간
5 예상보다 일찍 직장 혹은 회의장에 도착해서 소비해야 하는 시간
6 누군가를 기다리는 시간

각 자투리 시간은 짧게는 수분, 많게는 수십 분이다. 이 시간에 무엇을 하면 좋을까? 짧은 시간이지만 이때 불필요한 메일을 정리하거나 해야 할 일을 정리하거나 책을 읽거나 간단한 메모를 하는 등 다양한 일처리가 가능하다. 혹은 비부가 가치 업무가 아닌 창의적인 아이디어를 도출하는 시간으로 활용하는 것도 효과적이다. 발상의 전환인 셈이다.

15 _ ⟨2⟩ 자투리 시간과 업무 지체 지점 찾아내 효율화하기

아주 조용한 책상 앞에 앉아서만 몰입을 할 수 있는 것은 아니다. 기발한 아이디어는 언제, 어디서나 갑자기 찾아올 수 있다. 실제 필자의 경우 신규 서비스에 대한 전략적인 기획 방향이나 신상품의 마케팅 포인트, 새로운 상품 아이템 등을 종종 샤워를 하면서 떠올리곤 한다. 또한 해야 할 업무들의 우선순위나 급하게 처리할 업무 목록을 운전 중에 정리하기도 한다. 몸이 아주 피곤할 때에 10~20분의 선잠이 1~2시간의 수면보다 더 단잠이 되는 것처럼 자투리 시간을 적절하게 활용하면 1~2시간 못지않게 유용하다.

24h 소리와 함께하는 자투리 시간

우리는 컴퓨터처럼 멀티태스킹에 익숙하지 않다. 한 번에 여러 개의 일을 하는 것이 쉽지 않다. 하지만 우리 오감은 각각 서로 다른 일을 할 수 있다. 두 손과 발로 운전을 하며, 눈은 전방을 주시하면서도 음악을 들을 수 있는 것은 우리의 오감이 서로 동시에 작동할 수 있기 때문이다. 특히 우리 청각은 시각과 달리 동시에 여러 소리를 들을 수 있다. 자투리 시간에 책을 보는 것보다 소리를 듣는 것이 더 효과적일 수 있다는 것이다.

요즘에는 오디오북이나 팟캐스팅(MP3 파일로 라디오 방송을 들을 수 있는 서비스) 혹은 오디오로 녹음한 회의록이나 강연 등을 스마트폰으로

스마트폰에 제공되는 음성 녹음 메모앱

15 _ 〈2〉 자투리 시간과 업무 지체 지점 찾아내 효율화하기

들을 수 있다. 책이나 기사 내용을 MP3 파일로 다운로드해서 자투리 시간에 듣는다면 운전 중이나 출퇴근 시간을 보다 유익하게 보낼 수 있다. 다음 앱 등에서는 뉴스를 음성으로 읽어주는 서비스도 제공된다. 특히 보이스 레코더(MP3에도 녹음 기능이 제공됨)나 스마트폰의 녹음 앱을 이용해서 음성으로 메모를 녹음할 수 있다.

| 업무 지체 지점 찾아내기 |

엉킨 실타래를 풀다 보면 잘 안 풀리는 구간이 나타나기 마련이다. 일도 마찬가지다. 열심히 진도가 나가다 가 탁 막히는 구간이 있다. 그런데 이 구간이 항상 발생하는 곳에서 발생한다. 개인의 역량과 지식, 성향에 따라 일이 안 풀리는 구간이 정해져 있다. 이를 극복할 수 있는 방안을 찾는 것이 업무 속도를 개 선시킬 수 있는 방법이다.

 항상 막히는 곳은 정해져 있다

사람마다 식성이 다르듯이 업무 역량과 지식이 다르다. 또한 지식 이나 역량과는 무관하게 적성에 따라 특정한 업무에 대한 생산성이 유달리 떨어지는 경우가 있다. 예를 들어, 기획안 작성이라는 업무를 잘게 쪼개면 다양한 일들로 나눌 수 있다.

신규 상품 기획안 작성의 분해

1 경쟁사의 신규 상품 벤치마킹을 위한 자료 조사

2 시장의 현황과 소비자 만족도 조사

3 조사된 자료에 대한 정리

4 신규 상품에 대한 아이디어 도출

5 기획 문서 작성과 내용 구성

이처럼 업무는 가급적 잘게 분해해서 나누고 각각의 업무에 들어가는 업무 시간을 주의깊게 관찰할 필요가 있다. 여러 업무들을 볼 때 시간 지체 지점이 항상 유사한 업무에서 발생한다면 내 적성과 맞지 않는 업무라는 뜻이다.

사람마다 적성이 달라 마케팅, 영업, 기획, 개발, 디자인 등의 다양한 업무를 다 잘 할 수는 없다. 각자 적성에 따라 전문 분야가 나뉘는 것처럼 업무 역시도 입맛에 맞는 것이 있고 맞지 않는 것이 있다.

자리에 앉아 정보를 검색하며 자료를 수집하는 업무가 손에 익는 경우도 있지만, 일부에게는 밖으로 돌아다니거나 사람을 만나면서 이야기를 나누는 일에 더 익숙한 경우도 있다. 혹은 문서를 작성하며 자료를 정리하는 것이 더 편안한 경우도 있다.

하지만 아쉽게도 어느 한 분야의 일만 할 수 있는 것은 아니다. 그러므로 시간이 지체되는 업무가 어떤 일인지 파악을 해 두고, 업무 계획을 짤 때 이를 고려해 시간 안배를 해야 한다. 또한 잘 풀리지 않는 일의 경우에는 해당 일을 업무 집중이 잘 되는 시간에 배치를 하거나 타인에게 도움을 받아 일처리를 하는 지혜가 필요하다.

16

〈3〉 프로젝트 일기 쓰기

시간 관리 팁 중 개인적으로 가장 소중하다고 생각하는 십계명이다. 그것은 바로 회사에서 경험한 프로젝트에서 배움의 기회를 얻기 위해 일기를 쓰는 것이다. 일종의 나를 위한 업무 교과서를 만드는 것이다. 나는 20년 간의 직장생활에서 맡은 프로젝트에 대한 일기를 쓰면서 상당한 지혜와 인사이트를 얻을 수 있었다. 고생은 되지만 가장 효과적인 시간 관리 습관의 하나다.

| 나를 위한 프로젝트 경험의 기록 |

업무 속도를 개선하는 가장 효율적인 방법은 짧은 시간에 많은 일을 완수하는 것이다. 지극히 상식적인 이 방법은 하루 아침에 습득할 수 있는 것은 아니다. 교육과 업무 경험 속에서 지식이 쌓이다 보면 자연스럽게 업무 속도가 빨라

지기 마련이다. 이 같은 지식을 쌓는 데 경험만큼 소중한 것이 없다. 그 경험을 고스란히 지식으로 쌓으려면 과거를 주기적으로 복기할 수 있어야 한다. 그러려면 복기할 수 있는 기록물이 필요하다.

경험에서 배워 일의 속도를 단축하기

그간 회사 생활을 하며 경험한 프로젝트들을 나열할 수 있는가? 그 프로젝트에서 내가 어떤 업무 역할을 했는지 기억할 수 있는가? 그 프로젝트의 성과가 무엇이고 아쉬웠던 부분, 개선할 점이 무엇인지 떠오르는가? 이런 질문에 답변을 즉시 제대로 하지 못한다면 과거 프로젝트 경험은 그저 경험일 뿐 온전히 내 뇌리에 지식으로 쌓이지 못한 것이다.

회사 생활을 하며 경험한 프로젝트들에 대해서는 꼼꼼하게 기록해 둬야 한다. 기록의 목적은 경험을 온전히 지식으로 쌓기 위함이다. 기록해 두지 않으면 거친 물살에 흘러 가버린 모래처럼 지식은 쌓이지 않는다. 그렇다면 업무 내역은 어떻게 기록하는 것이 좋을까?

우선 업무를 기록할 때는 프로젝트 위주로 정리해 가는 것이 좋다. 특히 유념할 것은 이슈가 발생할 때마다 반드시 기록해야 한다는 점이다. 기록해야 할 내용은 프로젝트의 제목과 시작, 마감 시간을 기입한다. 이후 프로젝트를 진행하며 발생되는 중간중간의 업무 산출물,

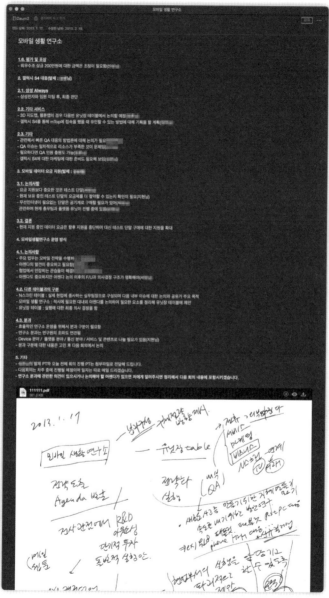

에버노트에 저장된 프로젝트 진행 내역

16 _ 〈3〉 프로젝트 일기 쓰기

회의록 그리고 가장 중요한 주요 이슈들에 대해 날짜, 시간과 함께 어떤 문제와 고민이 있었고 해결은 어떻게 되었는지를 기록해 둔다. 무엇보다 그때그때 이슈가 발생할 때마다 기록해야 한다. 이 점이 중요하다. 프로젝트가 완수되기 위해서는 일정에 따라 조각조각 많은 일들이 제 시간에 진행되어야 한다. 하지만 이 모든 일들이 제 시간에 완수되리라는 환상은 금물이다. 그러니 문제가 발생할 때마다 그런 내역을 기록해야 한다. 물론 잘된 일, 성공적인 성과 등도 기록한다. 이러한 내용들이 잘 정리되어야 나중에 프로젝트의 문제점이나 성공 이유 등을 진단하고 돌이켜볼 때 유용하다.

이때 사용하는 툴은 간단한 메모지나 엑셀, 워드 그 어떤 것도 좋다. 필자의 경우 아웃룩에서 제공되는 '작업'이라는 기능을 이용했다가 지금은 '에버노트'를 이용한다. 이러한 툴을 이용해 그때그때 기록하는 것이 중요하다.

| 기존 프로젝트의 복기를 통한 배울 점 |

우린 경험을 통해 성숙해진다. 하지만 그 경험을 지식과 지혜로 쌓기 위해서는 학습이 필요하다. 프로젝트에 참여하며 경험한 업무 지식은 고스란히 지식으로 쌓이지 않는다. 충분한 노력과 학습이 있어야만 경험이 지식으로 갈

무리된다. 프로젝트의 경험 내역을 상세하게 기록한 이후에 이 내역을 틈틈이 들여다보며 과거를 회상해야 한다. 이렇게 회상하며 과거의 프로젝트 경험을 다시 뇌리에 되살리고 문제를 반성하고 잘한 부분을 학습해야 한다.

특히 과거의 실수에서 보다 많은 것을 배울 수 있다. 프로젝트의 진행은 수많은 난관과 문제 해결 과정의 연속이다. 이러한 문제를 해결하면서 배움의 기회가 생기는 것이다. 그런데 막상 프로젝트를 진행하면서 이 같은 문제에 직면하게 되면 문제를 해결하는 데 급급하고 그 이후에도 다른 바쁜 업무에 투입되어 이 해결 과정을 지식으로 쌓지 못하게 된다. 그러므로 프로젝트가 종료된 이후에 차분하게 추억을 회상하며 과거의 경험에서 배움을 터득해야 한다.

그렇다면 구체적으로 프로젝트를 복기하면서 어떤 것을 배울 수 있을까? 과거 프로젝트 내역을 돌이켜 생각하면서 주요 의사 결정을 내린 시점과 문제점, 진행 중에 발생된 주요 문제점들의 내역과 이를 해결해 가는 과정을 파악해야 한다. 다시 같은 프로젝트를 진행한다면 누구를 담당자로 하고 주요 의사 결정을 어떻게 할 것인지, 유사한 문제 발생 시에 어떻게 하는 것이 좋았을지를 진단하고 생각해 봐야 한다. 이러한 과정을 통해서 다른 프로젝트를 진행할 때에 좀 더 올바르고 정확한 판단을 할 수 있다.

그 과정을 통해 일의 전체를 보는 다양한 관점이 생긴다. 한마디로 통찰력이 쌓이는 것이다. 우리가 일에 매몰되면 마치 숲에서 길을 잃어 나무만 보고 숲 전체를 보지 못해 헤매는 것처럼 당장의 과업만 몰두해 일의 방향이나 위치를 잃어버리게 된다. 프로젝트 일기를 통해서 복기를 하는 과정에 과거의 일을 되돌아보며 다양한 시각과 관점에서 그 일의 성과와 실패를 다시 들여다보게 된다. 그 과정에서 보다 폭넓은 시야가 쌓이게 되는 것이다. 다양한 경륜을 가진 우수한 경영자들이 사업 추진 과정에 중요한 의사 결정을 할 때 일반 실무진과는 차원이 다른 사고와 판단을 하는 것은 여러 관점에서 상황을 파악하는 통찰력이 우수하기 때문이다. 그런 통찰력을 프로젝트 복기를 통해서 얻을 수 있다.

| 공유와 보고를 위한 업무 일지 |

TO DO와 일정 그리고 프로젝트 내역을 관리하면 굳이 업무 일지를 기록할 필요가 없다. 일부 회사에서 업무 일지를 매일 기록하고 보고하도록 하고 있다. 그것은 앞과 같은 방법을 이용해 세밀하게 시간 관리를 하지 않기 때문에 팀장이 직원들의 업무 내역과 일거수일투족을 감시하고 관리하기 위해서다. 즉, 행여나 허투루 시간을 낭비하고 제대로 일처리가 되지 않을까 우려해 업무 일지를 기록하게 하는 것이다. 사실 업무 일지는 군대, 공

기업 등에서 널리 이용된다.

업무 일지는 주로 TO DO와 달리 업무 전이 아닌 사후에 기록한다. 어떤 일들을 했는지 결과 위주로 정리한다. 이처럼 매일 기록해야 하는 문서 작성에 있어 가장 중요한 것은 꾸준해야 한다는 점이다. 하루라도 거르지 않고 매일매일 기록해 나가는 끈기와 꾸준함이 중요하다.

업무 일지는 엑셀 등을 이용해 기록하는 것이 관리하기 편리하다. 약 1개월 이상 기록해 나가다 보면 내가 얼마나 일을 빨리 하는지, 업무 속도의 개선점은 무엇인지 확인할 수 있다. 업무 일지는 이미 행한 일에 대한 발자취를 정리하고 결과를 기록하는 누군가에게 공유하기 위한 보고서이다. 반면 프로젝트 일기는 나를 위한 보고서이다. 즉, 두 가지를 병행해서 정리하면 업무 지식을 정돈하고 체계화하는 계기로 삼을 수도 있다.

 업무 일지 기록 사례

업무 일지는 회사에서 정한 양식을 이용하거나 다이어리 등에 기록하면 된다. 혹은 엑셀을 이용하면 관리하기 수월하다. 엑셀의 시트별로 매월 진행한 업무 내역을 기록한다. 각 시트에 1일부터 31일까지의 날짜별로 수행한 업무 내역을 기록한다. 업무 일지를 기록할 때는

16 _ 〈3〉 프로젝트 일기 쓰기

구체적으로 어떤 일을 수행했는지 수행 과제와 업적을 기록한다. 구체적 업무 성과와 진척도를 파악하기 위함이다.

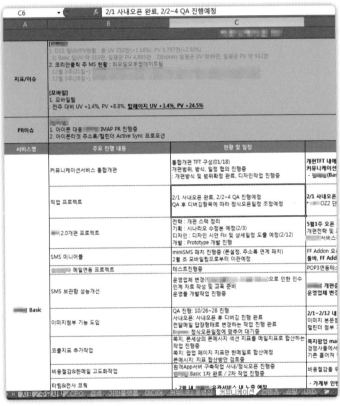

엑셀로 정리된 업무 보고서 샘플

17

〰〰〰〰〰〰〰〰〰〰〰

〈4〉회의의 5W1H를 찾아 짧고 굵게 끝내기

회의가 없는 회사는 없을 것이다. 혼자가 아닌 여럿이 조직이라는 울타리에서 함께 일을 하는 곳이 회사이기 때문에 서로의 생각을 토론하고 협의를 하며 일처리를 하는 데 회의는 필수적이다. 하지만 정작 회의로 인해 불필요한 시간 낭비가 양산되는 문제를 야기할 수 있다. 회의는 여러 명이 참석해서 진행되기 때문에 여러 명의 시간이 한꺼번에 소비되는 낭비적 요소가 크다. 그러므로 그 어떤 시간 관리보다 회의의 시간 관리가 중요하다.

| 회의 목적과 방식 이해하기 |

회의는 그 목적이 명확해야 한다. 즉, 왜 하는지에 대해 명확하게 고지하고 잊어서는 안 된다. 또한 회의는 그 목적에 따라 회의 방식이나 시간 등이 달라진다. 게다가 회의 목적이 모호하면 회의의 목표 달성에 실패해 부질없이 시간만 낭비된다. 그 시간은 혼자만이 아닌 회의에 참석한 모든 사람의 것이다. 그러므로 모든 회의의 공지와 시작 전에는 Why를 언급해야 한다.

 회의의 목적, 왜 하는가?

회의의 목적은 크게 세 가지로 나눌 수 있다. 첫 번째는 정보를 전달하고 고지하기 위한 것이다. 이것은 회의라기보다는 발표에 가깝다. 일종의 공지이다. 회의 참석자들은 발표자의 고지를 듣는 것일 뿐 어떤 의견을 내거나 합의를 하는 자리가 아니다. 그러니 참석자 모두 의견을 내거나 활발한 토의가 필요하지 않다.

두 번째는 의사 결정을 위해 합의를 도출하기 위한 것이다. 회의를 통해 이해관계가 다른 참석자들이 공통의 결정을 내기 위한 것이다. 아무래도 합의를 도출하기 위해 치열한 토론과 논쟁이 벌어질 수 있다. 즉, 모든 이해관계자는 저마다의 생각과 입장을 반드시 이야기해야 한다.

세 번째는 아이디어를 수집하기 위한 것이다. 서로가 가진 생각을 듣고 이를 정리하기 위한 목적으로 진행된다. 그러므로 참석자 모두의 의견을 들을 수 있도록 경청하고 말하지 않은 사람은 발언권을 주며 진행해야 한다.

회의에 누가 참석하고 얼마나 하는가?

세 가지의 회의 목적에 따라 회의 진행 방식이나 참여 방법, 시간이 달라진다. 고지를 하기 위한 발표는 발표자의 발표 시간과 Q&A가 내용에 포함되어야 하기에 회의 시간이 길지 않아도 된다. 참석자들은 회의 목적을 숙지하고 토의나 논쟁을 위한 질문이 아닌 고지 내용에 대한 궁금증을 해소하는 것으로 회의를 마칠 수 있다.

반면 협의를 위한 회의는 각자의 이해관계에 따라 활발하게 의견을 내놓으며 합의를 도출해야 한다. 이 회의는 시간이 길어질 수 있으니 시간을 통제해야 하며, 중요한 것은 관련 부서가 모두 참석해야 하며 중재자, 의사 결정권자가 반드시 있어야 한다. 결국 부서 이기주의 등으로 이해 당사자간 합의 도출이 어렵기에 이를 조정해줄 조정자가 필요한 것이다.

반면 아이디어 도출 회의는 다양한 사람이 참석해서 각자의 생각을 자유롭게 이야기할 수 있어야 한다. 모든 사람이 필히 발언하도록 해야 하며 서로의 의견에 대한 비판은 금지되어야 할 것이다. 특히 주니어, 신입 사원 및 다양한 연령과 직급, 부서 사람들이 들어와 여러 의견을 낼 수 있도록 참석자 범위도 확대하는 것이 좋다.

이처럼 회의 목적에 따라 회의의 진행 방식이나 목표, 방식은 달라진다. 그러므로 회의 주최자는 회의 목적과 목표 등을 인지하고 참석자들에게 이를 주지시켜야 한다. 이에 따라 회의를 진행해야 한다.

 회의를 어떻게 진행할 것인가?

회의는 탁자에 앉아 각자 노트북이나 메모지를 펼치고 주최자의 의견에 따라 진행되기 마련이다. 하지만 모든 회의가 이렇게 정형화되어 있지는 않다. 회의 방식은 다양하다. 예를 들어, 끝장 토론식의 회의는 토론의 결과가 나올 때까지 밤새 토론하는 방식이다. 또 참석자들이 모두 일어서서 화이트 보드에 필기를 해가며 회의를 진행할 수 있으며 매일 아침 1분간 오늘의 주요 업무 내역을 보고하는 1분 회의도 있다. 아이디어 도출을 위한 브레인스토밍, 브레인라이팅은 각자가 가진 생각을 나열하며 순환하며 아이디어를 주고받으며 진행된다. 회의 목적에 따라 방식은 달라지기 마련이니 효율적 회의를 위해 다양한 방식의 회의를 고민해 보도록 한다. 회의실이 아닌 근처 공원이나 커피숍에서 자유롭게 진행하는 회의도 고려해 보자.

| 회의 준비와 운영의 팁 |

회의는 그 목적을 기준으로 참석자들을 정하고 진행 방식을 고려하는 것으로부터 시작된다. 특히 회의 주최자는 회의 목적 달성을 위해 어떤 산출물을 기대하는지 반드시 생각해야 한다. 양질의 산출물을 얻기 위해서는 누구를 참석시키고, 회의 시간과 장소는 어떻게 할지를 고민해야 한다. 그리고 회의 진행 방식을 구상해야 한다. 그러니 회의 주최자는 상당한 고민과 숙고

끝에 회의 소집을 진행해야 한다.

 회의 참여 요청서

회의 참석자들에게 고지를 할 때 숙고한 고민을 기반으로 회의 참여 요청서를 보내야 한다. 참석자들에게 본인이 왜 이 회의에 들어와야 하는지를 납득이 갈 수 있도록 해 줘야 한다. 그래야 회의에 참석해서 회의 목적에 맞는 산출물을 내기 위해 본인이 그 역할을 제대로 할 수 있을 것이다. 또한 회의를 빠르게 진행하기 위해서 회의에서 논의할 주제와 그와 관련된 배경 자료들을 공유해야 한다. 회의 참석 요청을 하기 위해 필요한 내역들은 다음과 같다.

1 회의 시간과 장소
2 참석자 명단
3 회의의 목적과 목표
4 회의에서 논의할 주제
5 회의와 관련된 자료
6 회의에 왜 당신이 필요하고, 어떤 역할을 해 주길 원하는지 설명

6번의 경우 참석자에 따라 내용이 다르므로 다르게 기입하면 좋다. 대개의 경우 **6**번은 **3**번을 통해서 각자 판단하도록 갈음하기도 한다.

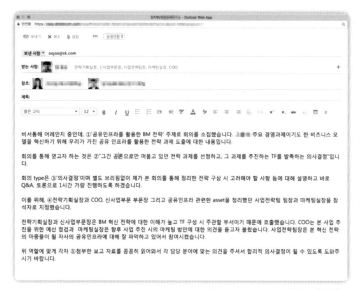

회의 요청서 샘플

 회의 운영 시의 지침

회의를 시작할 때 가장 중요한 것은 약속이다. 회의 시작 시간과 끝 시간은 반드시 준수하도록 노력해야 한다. 회의는 혼자 하는 것이 아니다. 여러 명이 참석하는 것이기에 한 사람이 늦으면 그만큼 다른 사람의 시간을 뺏게 된다. 그러므로 회의 시작 시간을 엄수해야 한다. 주최자는 참석자들이 회의 시간을 엄수할 수 있도록 충분히 사전(적어도 3일 전)에 고지를 해야 하며, 중간에 사전 고지(하루 전, 한 시간 전)를 해야 한다.

회의를 효율적으로 진행하려면 참석자들이 회의에 참석한 목적과 목표에 대해 명확하게 인지하고 있어야 한다. 그렇게 하기 위해서는 사전에 회의 참석 요청을 할 때 충분한 설명을 해 줘야 한다. 회의의 목적, 진행 방식, 참석자 명단과 장소, 시간 그리고 회의의 목표 등을 사전에 설명해야 한다. 회의에 필요한 기본적인 자료도 사전에 확인하고 회의에 참석할 수 있도록 해야 한다.

회의 진행에 있어 무엇보다 중요한 것은 회의 종료 시간이다. 회의에 참석한 참석자들은 회의 참석 이후의 일정이 있을 것이다. 회의가 계획보다 길어지게 되면 참석자들의 이후 일정에도 영향을 주게 된다. 그것은 결국 그 참석자와 연관된 다른 일(혹은 미팅)의 일정에도 영향을 미친다. 회의는 제 시간에 마칠 수 있도록 해야 하며 그렇기에 회의 주최자의 역할이 중요하다. 회의 주최자는 회의 목적과 목표에 부합되도록 회의 방식을 선택하고, 진행하는 중간 조정자 역할을 해야 한다.

| 회의 후 남겨야 하는 회의록 |

회의가 끝나면 남는 것은 무엇일까? 회의록이다. 회의의 결과는 회의록으로 압축된다. 그러므로 회의록 정리는 무척 중요하다. 최악의 회의는 "결론과 실행이 없다." 홀

룡한 회의는 정해진 시간에 끝내고 결론과 이후 실행안이 도출된다. 즉, 회의록에는 결론과 실행이 담겨 있어야 한다. 회의 주최자는 회의록에 이러한 내용을 담는다.

 회의록은 누가 어떤 내용으로 쓸까?

회의록은 누가 써야 할까? 바로 능력과 경험을 갖춘 시니어가 써야 한다. 회의록은 크게 세 가지로 구성하는 것이 좋다. 첫 번째는 회의에 대한 기본적 개요, 두 번째는 회의에서 논의한 내용, 세 번째는 결론과 향후 계획이 포함되어야 한다. 만일 가능하다면 마지막에는 자신의 생각 즉, 주관적인 의견을 넣는 것도 좋다. '회의에서 논의하고 결론이 난 내역은 이렇지만, 난 이 회의에 대해 이렇게 생각한다' 는 주관이 포함되면 회의록을 정리한 정리자의 통찰력을 보다 많은 사람들에게 전달하고 인정받을 수 있는 계기가 될 수 있다. 단, 정치적 오해 등에 쌓이지 않도록 유의해야 한다.

회의 개요에는 회의 시간, 장소, 참석자 그리고 목적과 주최자 등이 포함된다. 회의 내용에는 회의를 통해서 논의하고 발표된 주요 내역들을 간략하게 요약 정리한다. 마지막으로 결론과 계획에는 최종 결론과 이에 따른 향후 계획이 날짜 및 담당자가 포함되어 정리되어야 한다. 회의를 통해서 결론을 어떻게 내렸고 그 결론에 따라 어느 부서의 누가 언제까지 무엇을 어떻게 할 것인지 계획 즉, 실행 계획 (Action Plan)이 포함되어야 한다.

 회의록 사례

회의록은 회사마다 정해진 양식이 있기도 하다. 없다면, 다음과 같은
사례를 참고해서 나만의 회의록 양식을 만들어 회사에 전파해 보자.

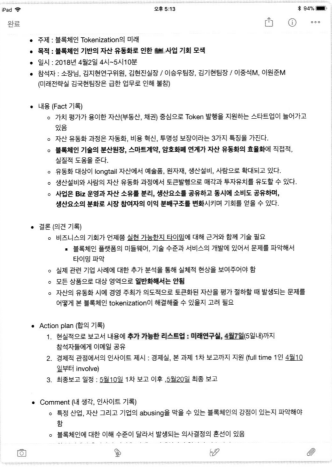

iPad 🛜　　　　　　　　　　오후 5:13　　　　　　　　　　✳ 94% ▰

완료　　　　　　　　　　　　　　　　　　　　📤　ⓘ　　•••

- 주제 : 블록체인 Tokenization의 미래
- **목적 : 블록체인 기반의 자산 유동화로 인한 🚌 사업 기회 모색**
- 일시 : 2018년 4월2일 4시~5시10분
- 참석자 : 소장님, 김지현연구위원, 김현진실장 / 이승우팀장, 김기현팀장 / 이중석M, 이원준M
  (미래전략실 김국현팀장은 급한 업무로 인해 불참)

- 내용 (Fact 기록)
  - 가치 평가가 용이한 자산(부동산, 채권) 중심으로 Token 발행을 지원하는 스타트업이 늘어가고
    있음
  - 자산 유동화 과정은 자동화, 비용 혁신, 투명성 보장이라는 3가지 특징을 가진다.
  - **블록체인 기술의 분산원장, 스마트계약, 암호화폐 연계가 자산 유동화의 효율화에 직접적,
    실질적 도움을 준다.**
  - 유동화 대상이 longtail 자산에서 예술품, 원자재, 생산설비, 사람으로 확대되고 있다.
  - 생산설비와 사람의 자산 유동화 과정에서 토큰발행으로 매각과 투자유치를 유도할 수 있다.
  - **사업은 Biz 운영과 자산 소유를 분리, 생산요소를 공유하고 동시에 소비도 공유하며,
    생산요소의 분화로 시장 참여자의 이익 분배구조를 변화시키며 기회를 얻을 수 있다.**

- 결론 (의견 기록)
  - 비즈니스의 기회가 언제쯤 실현 가능한지 타이밍에 대해 근거와 함께 기술 필요
    - 블록체인 플랫폼의 미들웨어, 기술 수준과 서비스의 개발에 있어서 문제를 파악해서
      타이밍 파악
  - 실제 관련 기업 사례에 대한 추가 분석을 통해 실체적 현상을 보여주어야 함
  - 모든 상품으로 대상 영역으로 **일반화해서는 안됨**
  - 자산의 유동화 시에 경영 주최가 의도적으로 토큰화된 자산을 평가 절하할 때 발생되는 문제를
    어떻게 본 블록체인 tokenization이 해결해줄 수 있을지 고려 필요

- Action plan (합의 기록)
  1. 현실적으로 보고서 내용에 **추가 가능한 리스트업 : 미래연구실, 4월7일(5일내)**까지
     참석자들에게 이메일 공유
  2. 경제적 관점에서의 인사이트 제시 : 경제실, 본 과제 1차 보고까지 지원 (full time 1인 4월10
     일부터 involve)
  3. 최종보고 일정 : 5월10일 1차 보고 이후 ,5월20일 최종 보고

- Comment (내 생각, 인사이트 기록)
  - 특정 산업, 자산 그리고 기업의 abusing을 막을 수 있는 블록체인의 강점이 있는지 파악해야
    함
  - 블록체인에 대한 이해 수준이 달라서 발생되는 의사결정의 혼선이 있음

📷　　　　　　　　　✍　　　　　　　　　🖊　　　　　　　　　📎

회의록의 사례

18

〈5〉 보고서는 한 장으로 요약 정리하기

패트릭 G. 라일리가 지은『강력하고 간결한 한 장의 기획서, THE ONE PAGE PROPOSAL』이라는 책은 한 장으로 요약하는 기획서에 대한 내용을 다루고 있다. 어디서나 이러한 한 장짜리 기획서가 통용될 수 있는 것은 아니지만, 바쁜 시간을 살고 있는 현대인(특히 CEO)에게는 수십 장의 문서보다 한 장으로 핵심 내용을 요약한 문서가 더 값지다.

| 한 페이지 요약문의 필요성 |

사실 수십 페이지가 넘는 기획안은 나를 위한 것일 뿐 상대방은 정작 그 내용을 차분하게 다 읽어 보질 않는다. 즉, 상대방은 내가 전달하고 싶어하는 내용을 모두 읽으려

들지 않는다. 단지, 자신이 읽고 싶어하는 내용만을 읽을 뿐이다. 그러므로 오히려 너무 많은 분량의 문서는 정작 중요한 내용을 부각시키지 못할 수 있다.

단순함이 주는 매력

핵심적인 내용을 한 장으로 요약해 정리하는 것은 문서 작성자는 물론 문서를 검토하는 모든 사람에게 시간을 줄여 준다. 방대한 문서를 작성하고 포장하는 것만 해도 일이고, 이를 보는 것도 상당한 시간이 소요된다. 반면 한 장으로 요약된 문서는 핵심 사항만을 이야기하므로 회의 시간을 단축시켜 준다. 좀 더 자세한 데이터와 자료는 별첨하면 되는 것이므로 시간 낭비를 줄여 주는 최선의 방법은 문서를 한 페이지로 요약하는 것이다. 그 한 페이지 덕분에 관심이 생기면 별첨한 자료를 더 읽으려 하고 더 보고해 달라고 요구할 것이다.

요약 문서 작성의 핵심은 나의 관점이 아닌 상대의 관점에서 정리하는 것이다. 즉, 상대가 알고 싶어하는 내용을 정리해야 한다. 즉, 이 문서를 상대가 왜 보아야 하고 이것을 보고 나서 어떠한 의사 결정을 하면 어떤 이득을 볼 수 있는지가 기록되어 있어야 한다. 그리고 한 페이지로 요약 정리를 하다 보면 보고서 작성자 스스로도 수십 페이지 문서에서 어떤 사항이 가장 중요한 핵심인지를 파악할 수 있다. 굳이 없어도 되는 내용과 중요한 메시지가 아닌 것들을 솎아 낼 수 있는 기회가 되기도 한다.

18 _ 〈5〉 보고서는 한 장으로 요약 정리하기

| ONE PAGE PROPOSAL 작성법 |

그렇다면 간략하게 문서를 요약해서 줄이려면 어떻게 작성해야 할까? 우선 문서를 작성하는 목적과 의도를 명확히 해야 한다. 이 문서를 누가 볼 것인지 그리고 상대방에게 어떤 것을 얻고자 하는 것인지 명확히 파악하자. 간단히 상황을 보고하고 리포트하기 위한 문서도 있지만 무엇인가를 얻어 내고자 하는 목적을 가진 문서도 있다. 이러한 문서가 탄생되는 의도에 맞게 문서가 작성되어야 한다. 이러한 목적에 위배되는 내용은 굳이 넣을 필요가 없다. 즉, 이 과정을 통해 안 넣어도 되는 중요치 않은 것을 걸러내야 한다.

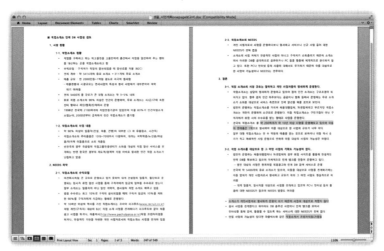

간략하게 2페이지로 정리된 사업 계획안

제안서의 작성 목적과 의도, 내용 구성에 따라 다소 형식은 달라질 수 있다. 다만 공통적으로 포함해야 할 기본적인 사항을 위주로 살펴본다. 우선 제안서의 첫 서론 부분은 제안서의 제목과 개요 그리고 목표에 대해 기술한다.

제목은 전체 제안서의 내용을 가장 잘 대변할 수 있는 단어로 구성하되 자극적이고 임팩트가 강한 핵심 언어로 구성해야 한다. 개요에서는 본 문서를 작성하게 된 전후 사정에 대한 배경 설명을 2~3줄로 설명해 준다. 그리고 목표는 본 문서를 통해 무엇을 얻고자 함인지를 기술해야 한다. 특히 목표를 표기할 때는 가능하다면 정량적인 수치를 구체적으로 표기하는 것이 좋다. 이렇게 문서를 작성할 때는 불필요한 형용사 등의 수식어는 과감하게 배제하고 간단 명료하게 작성하는 것이 좋다.

 한 페이지 요약문 사례

[제목] 연간 300억대 시장 웹로그 분석 사업 제안서

[배경]

약 100만 개 이상의 홈페이지가 개설된 국내 인터넷 비즈니스 시장은 매년 성장 추세에 있다. 이들 홈페이지들은 사이트 활성화를 위해 방문자와 트래픽 그리고 사용자에 대한 다양한 로그 분석을 필요로 하고 있다. 이에 홈페이지를 방문하는 방문자와 트래픽 등에 대한 로그를 분석해 주는 사업의

기회를 포착하여 우리 회사의 신사업으로서 가능성을 타진해 본다.

[목표]

- 사업 론칭 1년 이내에 연간 20억 이상의 매출을 달성한다.
- 3년 이내에 사업을 안정화하여 연간 100억 이상의 매출로 시장 점유율 30%로 신장한다.

이제 구체적인 문서 내용에 대해 기술할 차례이다. 내용에서는 본 기획안(제안서)를 작성하기 위해 조사했던 각종 자료와 정보들을 활용해 상대방을 이해시키고 설득할 수 있도록 해야 한다. 이때 내용은 논리적으로 구성되어야 한다. 설명하고자 하는 내용이 구체적인 근거와 자료를 기반으로 기술되어야 한다. 이때 유념해야 할 사항은 긴 문장의 서술형보다는 간단 명료하게 정리하는 것이 좋다는 것이다. 내용이 길어질 경우에는 번호나 글머리표를 이용해 1~2줄로 중요한 핵심어로만 내용을 압축해서 문단을 나누어 정리하는 것이 좋다. 또 맨 마지막 줄에는 전체적인 내용에 대해 압축해서 소개하면서 구체적으로 무엇을 전달하고자 하는 것인지를 요약 기술한다.

[내용]

한국은 1999년부터 로그 분석 서비스를 제공하는 솔루션이 선보이기 시작했다. 초기에는 대형 웹 사이트를 대상으로 솔루션 판매가 호조를 띠었지만 2001년부터 솔루션 판매가 급격히 하락했다. 이후 2001년부터 ASP 방식의 서비스가 선보이면서 솔루션에 비해 가볍고 저렴한 ASP 서비스 시장이 성장 추세에 있다. 특히 키워드 검색 광고 시장이 커지고 인터넷 광고에 대한 관심이 늘면서 효과 분석을 필요로 하는 작은 웹 사이트 운영자들의 관심 탓에 지속적인 성장 추세에 있다.

■ **솔루션 형태의 서비스**
  - C, D, E 등이 시장 점유율이 높은 편이다.
  - 솔루션 판매는 점차 줄어들고 있는 상황이며, 이들 업체도 ASP 방식의 서비스를 검토하고 있는 것으로 파악됨.
  - 단순 광고 분석 외에 다양한 트래픽 부하 체크와 로드 밸런싱 등의 인터넷 튜닝 서비스를 제공하면서 솔루션의 규모와 기능을 크게 확대해 가고 있음.

■ **ASP 방식의 서비스**
  - A(www.aaa.com)와 B(www.bbb.co.kr)가 가장 높은 점유율을 보이고 있음.
  - 대부분의 ASP 서비스는 기본적으로 한정된 기간 동안 체험 무료 서비스를 제공하고 있으며, Option 등을 통해 가격 정책을 다양화하고 있음.
  - A는 약 20만 명의 무료 회원을 보유하고 있다(유료 5,000명).
  - A는 약 15명의 직원으로 운영 중.
  - 로그 분석 외에 광고 모니터링과 분석 등의 서비스로 개선, 발전되고 있음.
    결론적으로 웹로그 시장은 2001년부터 중소 홈페이지는 ASP 방식, 대형 홈페이지는 솔루션 중심으로 시장이 계속 성장 추세에 있다. 이러한 시장을 겨냥해 웹로그 분석 사업을 철저한 타깃 마케팅을 통해 ASP와 솔루션 사업으로 이원화하여 전개하는 것이 바람직하다.

문서의 말미에는 구체적으로 무엇을 하고자 하는 것이고 어떤 지원이나 의사 결정이 필요한지를 정리해야 한다. 기획안이나 제안서 등의 작성 목적은 '무엇'을 하거나 '무엇'을 얻고자 함이다. 그만큼 문서 말미에는 구체적으로 그 '무엇'을 하기 위해 필요한 지원이나 의사 결정 사항에 대해 직접적으로 기술하는 것이 필요하다. 그러한 요구 사항 등을 제시하기 위해서는 '무엇'을 어떻게 달성할 수 있는지에 대한 납득이 갈 만한 내용을 소개해야 한다. 그 내용은 실행 방안이나 일정 등의 구체적인 향후 계획에 대해 언급함으로써 설명이 가능하다.

[실행 방안]

로그 분석 솔루션이나 ASP 사업을 위해서는 자체 개발을 하기보다는 3~4위의 업체를 인수하는 것이 바람직하다. 초기 마케팅, 영업비를 최소화하면서 최단기간 내에 사업을 추진하기 위해서는 이 방법이 가장 적합하며 인수 자금으로는 최소 10억, 최대 20억 원 정도의 비용이 필요할 것으로 예상된다. 이후 추가적인 서비스 개발비와 인건비, 마케팅비 등으로 사업 초기 1년간 20억 원 정도의 자금이 필요할 것으로 예상된다.

[일정]

- 2개월 내: 인수 업체 결정
- 이후 1개월: 사업 계획서 작성 및 인력 세팅
- 이후 3개월: 인수 및 서비스 개선 작업
- 이후 6개월: 전사적 마케팅 및 영업 전개

> **[의사 결정 사항]**
> - 초기 약 3억 원의 사업 검토 및 컨설팅 자금과 사업의 진행 여부에 대한 결정
> - 사업 진행 방식(인수 or 자체 개발)에 대한 의사 결정

비즈니스 문서를 작성할 때는 내용에 따라 구분을 해서 각각의 문단별로 중요한 핵심 단어를 뽑아서 제목을 정해서 정리하면 전체적인 내용을 한눈에 쉽게 파악할 수 있다. 책을 한번 생각해 보자. 책첫 표지에는 목차가 제공된다. 이 목차를 통해 우리는 책에서 전달하고자 하는 전체적인 내용을 파악할 수 있다. 비즈니스 문서 역시 이러한 책을 압축했다고 생각하면 된다. 목차 없이 정리된 비즈니스 문서는 무엇을 전달하고자 하는지 쉽게 파악할 수 없다. 비즈니스 문서를 작성할 때는 가장 먼저 문서에 포함시키고자 하는 내용을 분류하고 각 분류된 내용에 따라 목차를 구성해서 정리하는 습관을 들이도록 하자.

그리고 각각의 분류된 내용은 요약해서 기술할 수 있는 압축 기법을 익히자. 사실 작은 내용을 길게 설명하는 것보다 긴 내용을 간략하게 설명하는 것이 더 어려운 법이다. 더 많은 기술과 노력이 요구된다. 이제 대학 시절의 리포트 작성법은 잊어버리고 어떻게 하면 간단하게 문서를 요약해서 작성할 수 있는지 고민해 보자.

18 _ 〈5〉 보고서는 한 장으로 요약 정리하기

19

〈6〉 비즈니스 메일은
즉시 피드백 주기

전화 통화와 대면 접촉을 통한 회의 그리고 메일, 메신저 등이 직장인의 커뮤니케이션 툴이다. 이중 가장 많은 시간을 소비하는 커뮤니케이션 툴이 메일이다. 게다가 메일은 기록으로 남아 누구에게나 공유될 수 있고 언제든 다시 찾아볼 수 있다. 그런 만큼 비즈니스맨에게 메일은 중요하면서 조심해서 사용해야 하는 커뮤니케이션 툴이다. 효과적인 메일 관리 방법을 통해서 업무 시간을 단축할 수 있는 방안을 찾아본다.

| 업무 시간을 단축해 주는 메일 관리법 |

사실 비즈니스 목적으로 메일이 널리 이용되고 있다. 전화보다 메일을 받는 수가 훨씬 많은 것은 대부분의 사무직 직장인이 경험하고 있을 것이다. 많게는 하루 백여 통의 메일을 받는 직장인도 있다. 업무 시간을 단축하고 시간을 효과적으로 사용하기 위해 비즈니스 메일을 어떻게 관리하는 것이 좋을까?

 메일 확인 시간대

우선 메일을 확인하는 시간을 정해 두는 것이 좋다. 메일은 전화와 달리 즉각적으로 볼 필요가 없다. 메일은 비동기식 커뮤니케이션 수단으로 전화처럼 바로 응답을 하지 않아도 된다. 만일 수시로, 시도 때도 없이 오는 메일을 확인하다 보면 정작 업무 집중을 할 수 없게 된다. 이는 시간을 효율적으로 사용하는 데 방해가 된다. 그러므로 메일을 확인하는 시간대를 정해 두도록 하자. 아침 출근 후 10분, 점심 전 30분, 잠이 오는 2~3시, 퇴근 전 10분 등을 정해 두고 메일을 확인하는 시간대를 정하는 것이 좋다.

 메일 확인 방법

모든 메일은 우선 받은 편지함에 모아진다. 그렇게 받은 편지함에 도착한 메일은 1차로 필터링을 해서, 굳이 읽지 않아도 되는 메일들은 바로 휴지통으로 보낸다. 간단히 인지만 하고 있으면 되는 메일들은 읽고 나서 다른 편지함으로 이동시킨다. 중요한 메일로 나중에 다시 읽고 참고해야만 하는 메일은 중요한 편지함을 만들어 한곳에 모아 두도록 한다.

늘 깨끗하게 비어 있도록 만드는 것을 목표로 운영되는 받은 편지함

하지만 가장 중요한 메일은 피드백을 주어야 하는 것 즉, 회신을 주어야 하는 메일을 처리하는 것이다. 피드백을 주어야 하는 메일은 다른 편지함으로 이동시키지 말고 받은 편지함에 그대로 둔다. 그렇

게 늘 눈에 띄게 받은 편지함에 두어야 메일 피드백 주는 것을 잊지 않을 수 있다.

| 이메일 피드백의 중요 원칙 |

메일 회신을 주는 데 있어 두 가지 기준이 있다. 하나는 시급한 사안이라 즉시 답을 줘야 하는 중요한 메일은 만사 제쳐 두고 즉시 [회신] 버튼을 클릭해 답장을 보내도록 한다. 즉, 한 시간 내에 회신을 줄 수 있는 메시지라면 우선 [회신] 버튼을 누르고 답장을 보내야 한다. '잠시 후에 보내야지'라고 생각하는 순간 잊을 수 있다. 컴퓨터는 멀티태스킹이 가능하다. 그러므로 여러 개의 창을 동시에 띄워 둘 수 있다. 하지만 사람은 여러 개의 일을 동시에 하다 보면 깜빡할 수밖에 없다. 그러므로 즉시 응답을 줘야 하는 메일을 다른 업무로 인해 잊지 않도록 바로 [회신]을 눌러서 답을 하는 것이 좋다.

시간 관리에 있어 첫 번째 원칙은 잊지 않는 것이다. 두 번째는 급하지 않은 메일이라 할지라도 10분 내 답장을 줄 수 있는 간단한 내용이라면 미루지 말고 바로 회신을 하도록 한다. 답장을 하는 데 10분도 안 걸린다면 즉시 회신을 주는 것이 상대의 시간을 줄여줄 수 있는데다 상대방이 나를 바라보는 태도가 달라진다. 굳이 빠르게 회신주지 않아도 되는 이메일에 이렇게 즉시 답을 주는 모습으로 '시간 관리가 철저하다'는 인식을 줄 수 있다. 그런 인식은 곧 회사 내 평판에 영향을 준다. 철저한 시간 관리의 달인으로 인정받는 계기가 된다. 그것은 곧 내 자신에게 부메랑으로 되돌아온다. 나는 주변의 평가에 부응하기 위해서 더 열심히 시간 관리에 매진하게 된다. 이러한 선순환으로 시간 관리가 훨씬 수월해지게 될 것이다.

만일 동료가 요청한 시간 내에 피드백이 불가능하다면 어떻게 해야 될까? 그때는 반드시 사전에 중간 피드백을 주어야한다. 요청한 시간에 해당 업무를 처리하는 데 어려움이 있음을 충분히 커뮤니케이션해야 한다. 그 커뮤니케이션은 상대가 요청한 시간 무렵에 해서는 안된다. 반드시 그 전에 커뮤니케이션을 해야 한다.

| 피드백 잊지 않도록 알림 메일 설정하기 |

메일 커뮤니케이션은 상호 작용에 의해 진행된다. 전화처럼 송신자가 있으면 수신자가 있기 마련이다. 일부 메일은 굳이 피드백이 필요 없는 경우도 있지만, 대개 메일은 상대의 의견을 요청하거나 의사 결정을 요구하는 경우가 많다. 혹은 업무 요청 메일도 있다. 이러한 메일에는 반드시 피드백을 주어야 한다. 그런데 문제는 너무 많은 메일로 인해 피드백을 주는 것을 잊을 수 있다는 점이다.

아웃룩을 이용한다면 이 같은 메일 피드백을 주어야 하는 기간을 지정해서 이 시간을 알려주도록 설정할 수 있다. 만일 웹메일을 이용한다면 '다시 알림' 기능이나 메일을 Tasks(TO DO)에 기록할 수 있는 기능을 이용해 특정 시간에 알람 설정을 할 수 있다. 즉, 메일 회신을 주어야 날짜를 잊지 않도록 알람을 이용할 수 있다. 그런 기능이 지원되지 않으면 임시 보관함이나 별 표시 등을 이용해서 메일에 표기해 둬 피드백 주어야 하는 것을 잊지 않도록 해야 한다.

지메일에서 제공되는 다시 알림 기능

시간 관리에 있어 나 자신도 중요하지만 타인과의 시간도 중요하다. 내 개인과의 시간은 개인에게만 영향을 주지만 나와 그의 시간은 우

19 _ ⑥ 비즈니스 메일은 즉시 피드백 주기

리 모두에게 영향을 준다. 그러므로 무엇보다 타인과의 업무 협업에 있어서 약속한 시간이나 피드백만큼은 반드시 지킬 수 있도록 해야 한다. 그런데 문제는 그 시간을 잊는 경우가 많다는 것이다. 타인이 요청한 것은 내 계획에 포함된 것이 아니기에 잊기가 쉽다. 그러므로 반드시 그러한 요청 내역을 기록하고 잊지 않도록 하는 습관과 관련 된 알람 기능을 적극 활용해야 한다.

20

〰〰〰〰〰〰〰〰〰〰〰

〈7〉 숱한 보고서, 자료를
한눈에 보기 좋게 정리하기

회사 생활 1년, 3년이 지나면서 쌓이는 것은 업무 경험 속의 지식들
이다. 그런데 그 지식들은 평소 관리하지 않으면 손아귀에서 빠져나
가는 모래처럼 내 머릿속에 축적되지 못한다. 업무 경험이 고스란히
머리에 지혜로 남아 있기 위해서는 회사 생활을 하면서 생산한, 얻게
된 데이터들을 차곡차곡 정리를 해야 한다. 그 데이터들을 하드디스
크에 체계적으로 분류해서 언제든 꺼내어 사용할 수 있도록 해야만
그것이 진정 내 지식으로 내재될 수 있다.

| 효율적인 데이터 분류법 |

회사에서 업무를 보면서 수많은 문서
파일들을 만나게 된다. 내가 직접 작성한 문서, 동료에게 받은 문서

그리고 타 부서나 외부에서 받은 문서 등 여러 종류의 문서 파일들이 PC에 쌓이게 된다. 이렇게 늘어가는 파일들을 체계적으로 분류해서 정리하지 않으면 보배가 되지 못한다. '구슬이 서 말이라도 꿰어야 보배'인 것처럼 이렇게 하드디스크에 저장된 데이터들은 문서의 주제에 따라 분류를 해야 한다.

문서 파일들을 분류해서 정리하는 이유는 나중에 해당 문서들을 쉽게 찾기 위함이다. 우리 업무라는 것이 대부분 거미줄처럼 서로 엮여져 있다. 각 업무들이 서로 엉켜 있어서 한 업무를 끝냈다고 해도 그 업무는 추후 다른 업무에 직간접적으로 도움을 주기 마련이다. 그러므로 그간 경험한 업무와 관련된 모든 파일들은 정리를 해서 나중에 언제든지 빠르게 찾을 수 있도록 해야 한다.

 업무 경험을 파일로 보관하는 법

직장 생활을 하며 얻게 되는 문서 파일들은 크게 내가 직접 작성한 것과 팀 내의 공용 파일 그리고 타부서나 외부에서 받은 자료들로 구분할 수 있다. 이 같은 문서 파일들은 각각의 특성에 맞게 폴더를 나누어 분류해야 한다.

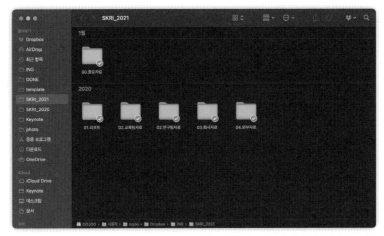

폴더를 한눈에 이해하기 쉽게 구분한 폴더 네이밍

1 01.리포트: 내가 직접 작성한 문서 파일들을 보관

2 02.팀자료: 팀 내에서 작성한 문서와 각종 업무 보고 관련 자료

3 03.회사자료: 회사 내에서 작성된 사업 계획서, 각종 계약서와 공식 문서

4 04.외부자료: 외부 제안서와 컨퍼런스와 세미나 발표 자료들

특히 직접 작성한 문서들을 저장해 두면 언제든지 내가 회사에서 어떤 산출물들을 만들었는지 그 목록을 한눈에 파악할 수 있다. 회사에 근무하며 어떤 문서들을 작성했는지 그 내역을 보면서 회사에서 내가 개입하고 공헌한 프로젝트와 업무 내역을 한눈에 조망하고 과거를 복기할 수 있다.

이렇게 정리한 문서 파일들은 1년 단위로 폴더를 구분해서 분류하는 것이 좋다. 즉, 매년 폴더를 나누어서 정리하면 1년마다 내가 어떤 문서를 작성했고, 어떤 프로젝트와 관련된 데이터들을 보관하고 있는지 시계열로 정리하면 한눈에 보기가 좋다. 이렇게 보관된 데이터들은 회사에 근무하며 알게 된 업무 지식들이다. 이 지식의 보고들을 잘 보관하면 이것이 고스란히 다음 일을 하는 데 기여해서 업무 시간을 단축해 준다.

| 폴더와 파일 네이밍법 |

데이터들을 분류해서 보관할 때에는 폴더와 파일의 이름을 신경 써서 정해야 한다. 파일 네이밍이 규칙적이어야 나중에 원하는 데이터를 찾기가 수월하다. 이 같은 규칙은 개인의 업무 특성에 따라 다를 수 있으므로 이를 감안해서 정하면 된다. 단, 중요한 것은 한번 정한 그 규칙을 절대 바꾸지 않도록 해야 한다. 데이터의 보관과 정리는 회사 생활을 하며 평생 지속되어야 하기 때문에 평생 동일한 규칙을 사용하는 것이 좋다.

 네이밍 규칙

폴더의 이름을 정할 때는 앞에 숫자를 기록하는 것이 좋다. 숫자를 기록하는 이유는 폴더를 이름별로 정리할 때에 이 숫자를 기준으로

정렬하도록 하기 위함이다. 가장 중요한 것을 '00.폴더 이름'이라는 번호를 넣고, 그 다음 순서대로 '01.폴더 이름', '02.폴더 이름' 등의 이름을 지정한다. 또한 파일 이름을 지정할 때에는 파일 이름에 해당 파일에 대한 자세한 정보를 기입하는 것이 좋다. 또한 해당 파일을 작성한 사람과 작성 날짜, 파일의 버전 등을 표기하는 것도 필요하다. 예를 들어, '2009년마케팅전략안예산내역포함_Ver1.2_20090132_by김지현.ppt'처럼 파일의 이름을 지정한다.

이렇게 폴더와 파일의 이름을 정하면서 데이터를 분류하고 정리하는 것은 수시로 해야 한다. 절대 이러한 작업을 몰아서 하려고 해서는 안 된다. 새로운 문서 작성이 진행되면서 해당 문서 작성에 필요한 자료들을 받거나 주변 동료와 내부, 외부에서 받게 된 파일들은 수시로 분류를 해서 정리해야 한다. 그때마다 폴더를 생성하면서 데이터를 관리해야 체계적인 데이터 관리가 가능하다.

| 데이터 검색 테크닉 |

데이터를 분류하고 정리하는 이유는 나중에 필요할 때 빨리 찾도록 하기 위함이다. 우리 업무에서 상당히 많은 시간들이 자료를 찾고 수집하는 데 소요된다. 이 시간을 단축하는 것만으로 업무 속도는 상당 부분 개선의 효과를 얻을 수 있다. 또한

데이터를 체계적으로 분류, 정리하면서 이들 데이터의 중요성과 용도를 각인하게 되므로, 단순히 데이터 검색 속도만 개선해 주는 것이 아니라 업무 경험과 지식이 쌓여 판단력과 통찰력이 커지게 된다.

하드디스크에 저장된 데이터는 검색을 이용해서 WWW에서 정보를 검색하는 것처럼 빠르게 원하는 것을 찾을 수 있다. 하지만 이 또한 데이터의 양이 많아지면 정확한 정보를 찾기 어려울 수 있으므로 앞서 폴더와 파일 네이밍 규칙 등에 의해 평소 데이터를 체계적으로 분류하고 정리해 두어야 한다.

📍 문서 검색의 테크닉

윈도나 맥에는 강력한 문서 검색 기능이 내장되어 있다. 이 검색 기능을 이용하면 파일 이름은 물론 문서(오피스 문서와 PDF, 아웃룩의 메일 등) 내에 포함된 단어를 범주로 검색을 수행한다. 이러한 검색에 대한 세부 설정은 '제어판의 색인 옵션'을 이용해서 할 수 있으며, 실제 검색은 '내 컴퓨터'의 우측 상단에 있는 검색어 입력창을 이용한다. 이 입력창에 원하는 검색어를 입력하면 현재 선택된 드라이브(폴더)에 저장된 문서 내에서 검색을 수행해 준다.

데이터를 보관함에 있어 스크랩과 달리 직장 생활을 하면서 얻게 된 모든 데이터를 빠짐없이 저장하는 것이 좋다. 스크랩은 내가 본 콘텐츠 중 유익하다 판단된 것만 하는 것이지만 데이터 정리는 모든 파일을 그 대상으로 한다. 어떤 경로를 통해서 얻게 된 데이터나 회사 내외부로 얻은 모든 문서 파일은 저장한다. 단, 체계적으로 분류해서 저장한다. 이렇게 보관된 데이터는 드롭박스(Dropbox)나 구글 드라이브, MS 원드라이브, 네이버 드라이브 등의 클라우드를 이용해서 백업해 두면 어떤 디바이스에서나 연결할 수 있고 절대 잃지 않을 수 있다.

 바탕 화면에 작업 중인 문서 폴더

내 경우 바탕 화면에 'ING'라는 폴더를 만들어서 이곳에 현재 작성 중인 문서를 저장해 둔다. 그 이유는 현재 작업 중인 문서 파일을 잊지 않고 기억하기 위해서이다. 컴퓨터를 시작하고 바탕 화면의 ING 폴더를 보면 현재 작업하고 있는 파일을 항상 볼 수 있어 내가 어떤 문서를 만들어야 하는지를 잊지 않을 수 있다.

만일 작업이 완료되면 이 파일은 앞서 데이터를 정리하는 폴더로 이동한다. 항상 ING 폴더에는 현재 작업 중인 문서가 저장되어 있다. 만일 작성 중인 문서의 개수가 많지 않으면 아예 바탕 화면에 파일을 생성해서 바탕 화면에 늘 보이도록 두는 것도 좋다. 단, 바탕 화면에 10여 개 정도의 아이콘이 있도록 유지 해야만 작업 중인 문서를 한눈에 찾을 수 있다. 바탕 화면에 수십 개의 아이콘들을 배열해 두면 정작 중요한 작업 중인 문서가 묻혀서 눈에 잘 띄지 않을 수 있다.

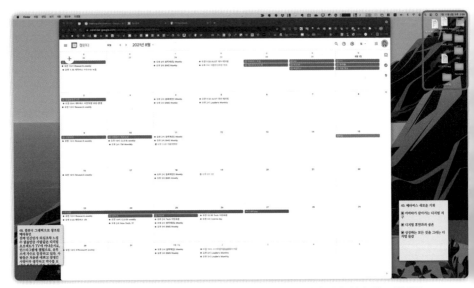

작성 중인 문서를 잊지 않도록 늘 볼 수 있는 바탕 화면

21

〈8〉 지시 혹은 요청한 업무 내역을 꼼꼼하게 챙기기

회사에서 모든 일은 위아래, 옆으로 여러 동료들의 다양한 업무들과 상호 연결되어 있다. 그러다 보니 나 혼자 잘 한다고 해서 일이 제시간에 완수되는 것이 아니라 내 일과 연결된 다른 동료의 업무들도 제시간에 좋은 산출물로 결과가 나와야 마칠 수 있다. 그렇기에 내 일과 관련된 다른 일들의 업무 과정과 마감일을 챙기고 관리해야 하는 꼼꼼함이 필요하다.

| 업무 지시와 요청의 철칙 |

업무 요청자는 요청 시에 수용자가 납득이 갈 수 있도록 충분한 사전 설명을 해주어야 한다. 갑작스럽게 업무를 요청받는 당사자 입장에서는 가뜩이나 해야 할 일이 많다면,

요청받은 일을 하는 데 좋을 리 없다. 충분한 설명 없이 업무 요청을 한다면 부족한 정보로 인해 만족스러운 결과물을 기대하기 어렵다. 업무 요청에는 충분한 커뮤니케이션이 필요하다.

 업무 요청에 필요한 구체 내역서

1 업무 요청 내역에 대한 배경 설명과 개요

이 업무의 전체적인 목적이 무엇이고 누가, 어떤 부서에서 시작된 것인지를 설명하고 이 업무를 통해 기대할 수 있는 효과가 무엇인지를 소개.

2 왜 당신에게 요청하는지 이유와 당위성

왜 담당자에게 이 업무를 요청하는지에 대한 사유와 적임자임을 공감이 갈 수 있도록 설명.

3 업무 마감 시간과 중요성

언제까지 이 일을 마쳐야 하고, 만일 마치지 못했을 때 어떤 문제가 발생할 수 있는지 소개.

4 산출물의 형태와 최종 보고 대상자 소개

문서의 최종 형태가 어떤 것을 담고 있어야 하고, 어떻게 작성되어야 하는지 사례로 설명하고 최종 보고 방법과 대상자가 누구인지 소개.

5 업무에 필요한 리소스와 피드백 방안

업무에 대한 우선순위 조정 혹은 추가적인 리소스와 질문이 있을 때 누구와 논의해야 하는지 설명.

회사에서는 많은 업무들이 제시간에 완수되지 못하거나 지시자나 요청받는 자가 서로 업무 요청을 잊어서 공중분해되는 일들이 심심치 않게 발견되곤 한다. 그러므로 업무를 요청한 이후에는 그 요청한 업무를 늘 기억하고 모니터링할 수 있어야 한다. 즉, 주기적으로 지시한 업무가 어떻게 진행되고 있는지 파악해야 하며 마감 시간 내에 완료가 가능한지를 체크하는 모니터링이 필수적이다.

업무 지시 이후 마감 시간 전과 중간쯤에 직간접적으로 요청한 업무가 어떻게 진행되고 있는지 확인해야 한다. 물론 그 모니터링이 너무 지나쳐 상대에게 스트레스와 족쇄처럼 느껴지지 않도록 하는 균형감은 필요하다.

| 업무 지시와 요청 내역 파악하기 |

회사에서의 업무란 혼자서 하지 않는다. 여러 사람이 한데 모여서 하나의 프로젝트가 가동된다. 그러다 보면 내 일이 나만의 일이 아니라, 우리의 일이 된다. 내가 일을 제 시간에 완수하기 위해서는 동료가 맡은 일이 제시간에 완료되어야 한다. 내 일과 동료의 일은 연결되어 있어서 내 일뿐만 아니라 내 일과 관련된 다른 일들에 대한 모니터링을 제대로 하고 있어야 한다. 특히 직원에게 업무 지시 혹은 동료에게 업무 요청을 한 건이라면 더욱더 그들의 피드백을 기다리곤 한다. 그런데 만일 그 피드백이 제시간에 오지 않으면 어떻게 될까? 바로 내 일의 마감 시간에 영향을 준다.

그러므로 내 일을 제시간에 마감하려면 결국 내가 요청한 일에 대한 피드백이 그들에게 제시간에 와야 한다. 혹은 제시간에 오지 않을 것을 염두에 두고 내 일의 마감 시간을 미리 여유롭게 가져가는 지혜도 필요하다. 그러면 그들에게 요청한 일에 대한 피드백을 어떻게 관리해야 할까? 바로 그 관리도 내 일의 시간 관리를 위해선 필요하다.

답은 집요하게 요청하는 일이다. 대개 일을 요청할 때에는 충분한 사전, 중간, 사후 커뮤니케이션 없이 메일이나 전화, 구두로 간단하게 요청하는 것이 대부분이다. 그렇게 요청된 업무에 대해 그들이 좋아할 리 없고, 내가 원하는 시간에 완수해서 대령할 리 없다. 일을 요청할 때에는 사전에 충분한 설명(그 일의 중요성과 마감 시간, 늦어졌을 때의 문제점 등)을 하고, 관련 담당자들(요청자와 대상자의 상사)에게도 함께 공유해야 한다.

　또한 요청한 일의 마감 시간 전에 중간 점검을 해야 한다. 마감 시간의 70%, 50%, 20% 전 시점에 진행 사항을 확인해야 한다. 혹 마감 시간을 더 늦춰야 할지, 업무 진행에 도움을 줄 것은 없는지를 꼼꼼하게 중간 확인해야 한다. 마지막으로 마감 이후에는 이에 대한 충분한 사후 커뮤니케이션을 통해서 노력에 대한 고마움을 표현해야 한다. 또한 내일이 마무리된 이후에 보안에 문제가 없다면 그가 참여한 일로 인해 완성된 전체 일에 대한 결과에 대해 공유하는 배려도 필요하다.

　단, 유념할 것은 요청한 일에 대한 피드백은 유연하게 확인해야 한다. 예를 들어, 필자의 경우 1주일 전에 부탁한 일이 제대로 진행되는지를 약 3~4일 전에 가볍게 메일로 확인한다. "엊그제 부탁드렸던 업무 진행하시면서 제가 드려야 할 도움이나 혹 기간을 좀 더 드려야 하는지 확인 부탁드립니다." 정도로 중간 확인을 한다.

　그리고 이틀 전에는 구두로 가볍게 "일전 부탁드린 업무에 도움주시고 계셔서 감사합니다. 모레 결과물을 보내주시면 그것을 참고로 최종본이 훌륭하게 정리가 될 것 같아요. 잘 부탁드릴게요."를 통해서 마감 일정을 재확인한다.

그리고 당일 오전에 마지막으로 확인한다. "지난 번 요청드린 요청에 대한 결과물, 오늘까지 가능하겠죠? 그 자료 기반으로 제가 마무리해야 하는 업무가 있어서 꼭 부탁드립니다. 혹 불가능하면 업무 일정 조율이 필요하니 확인 부탁합니다." 이렇게 신경 쓰고 챙기려면 내가 시키고 요청한 일이 무엇이고, 누구에게 언제까지 마감을 부탁했는지를 스스로 잊지 않아야 한다.

22

〰〰〰〰〰〰〰〰〰〰〰〰〰

〈9〉일이 시작되기 전에 해야 할 것을 명확히 한다

일은 자발적으로 시작하기보다는 지시(혹은 요청)를 받아 진행하는 경우가 대부분이다. 즉, 일은 누군가의 지시나 요청에 의해서 시작되는 셈이다. 그러므로 일이 시작될 때에 요청자가 원하는 것이 무엇인지 정확하게 파악해야 한다. 시작이 절반이란 말처럼, 일을 시작할 때 제대로 해야지 절반을 빠르게 채워갈 수 있다.

| HOW보다 WHAT이 중요 |

우리는 흔히 노하우(Knowhow)를 업무 능력의 최고 가치로 생각한다. 물론 남들보다 일을 빠른 시간 내에 처리하기 위해서는 HOW가 중요하다. 일 처리하는 방법과 기술을 알면 단시간 내에 결과물을 얻어낼 수 있다. 하지만 HOW라는 지식을 얻는 과정은 오랜 업무 경험과 교육, 자기 계발을 통해 쌓는 것이다. 그 HOW를 쌓아 가기 위한 첫걸음이 WHAT을 관리하는 역량이다. HOW를 얻기 위해서는 WHAT을 잘 파악하고 잊지 않아야 한다. 출근해서 오늘은 어떤 일을 해야 하고, 내일은, 이번 주는, 이번 달은 내가 무엇을 해야 하는지를 수시로 파악하고 있어야 한다. 그렇게 할 일들(WHAT)을 잊지 않고 하나하나 챙겨 나가는 과정 중에 HOW를 습득하게 된다.

모름지기 직장인이라면 회사에서 내가 하는 일이 얼마나 중요하고 어떤 기대 효과를 가져다줄지 알아야 한다. 즉, 내가 전체 퍼즐에서 어떤 부분을 맞춰가고 있는지 알아야 한다. 내가 맡은 작은 업무가 큰 업무의 어떤 부분에 속하는지 알아야 한다. 그래서 WHAT을 파악하는 것이 중요한 것이다. 내가 할 일을 확인하기 앞서 그 일이 어떤 목적으로 왜 하는 것이고 그 일 전체에 대한 윤곽을 알고 있어야 한다. 그러므로 업무 요청이 들어오면 가장 먼저 그 일의 전체적인 개요와 윤곽, 목적 등에 대해 반드시 물어야 하며 이후 일의 마감 시간 등에 대해 꼭 챙기도록 한다.

| 정확한 업무 하달 받기 |

WHAT을 잘 파악하기 위한 첫걸음이 요청받은 일에 대한 정보를 파악하는 것이다. 한마디로 업무 요청 내역을 명확하게 점검하는 것이다. 게다가 직장인은 워낙 하는 일들이 많기 때문에 그렇게 많은 WHAT을 나열해서 우선순위를 정해야 선택과 집중을 하고 각각의 일마다 적절한 시간을 배분할 수 있다. 그런데 시간의 배분이 줄어들면 그 일의 완성도와 마감 시간은 계획과 멀어지게 된다. 그러므로 희생을 감수해야 한다. 모든 것을 얻으려는 것은 지나친 욕심이다. 새로운 일이 급하게 들어오거나 내 능력을 넘어서는 업무 부하로 멀티태스킹이 어려울 때에는 선택과 집중이 필요하다.

이를 위해서 모든 업무를 시작할 때에 명확하게 요청 내역을 파악해야 한다. 선택과 집중을 위한 리소스 투입의 양을 산출하기 위해서 정확한 업무 요청을 받아야 한다. 다음과 같은 사항들에 대해서 확인을 받아야 한다. 물론 가장 좋은 것은 업무 요청자가 다음과 같은 사항을 충분히 안내하고 업무를 지시하는 것이다. 하지만 세상에 그런 요청자만 있는 것은 아니니 내가 챙겨야 한다.

 업무 요청 확인 내역

1 **업무의 목적:** 업무 산출물을 통해 궁극적으로 얻고자 하는 것이 무엇인지 알아야 한다. 또한 타 부서에서 요청받는 경우에는 내가 이 일을 하는 것이 맞는지에 대해 선임자(관리자)에게 확인받는 것도 필요하다.

2 구체적 산출물: 산출물은 어떠한 형태로 정리되어야 하며(문서 파일, 구두 보고, PT 등), 어떤 내용을 담고 있어야 하는지 구체적으로 파악해야 한다.

3 마감 시간: 업무의 최종 마감 시간이 언제까지인지 확인한다. 다른 업무 우선순위에 따라 조정 가능한지도 확인하는 것이 좋다.

4 가용 자원: 요청받은 업무를 수행하기 위해 필요한 자원(예산 또는 지원 인력 등)에 대해 확인하고 진행하며, 부족한 부분이나 모르는 부분에 대해서는 누구에게 업무 협조를 구하는 것이 좋을지 파악하는 것이 필요하다.

5 이해 관계자들의 내역: 이 업무와 유관한 부서와 관련 담당자들이 있다면 그들이 누구인지 파악하는 것도 중요하다.

이상의 다섯 가지를 사실 수직 문화가 팽배한 조직 내에서는 쉽사리 물어보기 어려울 수 있다. 하지만 상기 사항을 명확하게 파악하지 못하면 업무의 완성도가 떨어지고 그것은 결국 내 업무 평가에 문제를 야기하기 때문에 직접적으로 묻기 어려우면 간접적으로라도 업무 요청 내역에 대해 꼼꼼하게 파악해야만 한다.

| 커뮤니케이션 로스 줄이기 |

멀티태스킹을 잘하려면 최대한 일에 많은 시간을 투입하면 된다. 우리에게 주어진 하루 24시간 중 실제 업무에 투입되는 시간은 대개 7~10시간 이내일 것이다. 이 시간을 알차게만 사용해도 멀티태스킹에 필요한 충분한 시간 확보가 가능하다. 그런데 우리는 이 업무 시간의 상당 부분(많게는 30~50% 이상)을 불필요한 잡담이나 담배 피우기, 수다로 허비한다. 그런 불필요한 시간 낭비를 절약하는 것은 일과 직장 생활에 대한 기본 태도의 변화와 마음가짐을 다잡는 것으로 가능하다. 그 외에 줄일 수 있는 시간이 있을까?

업무 특성에 따라 다르지만 대부분의 사무직 직장인이 보는 업무는 컴퓨터 앞에 앉아 자료를 찾고 다듬어 문서를 만들어 내는 일이다. 이러한 업무를 보는 경우 멀티태스킹을 위해 필요로 하는 시간을 확보하려면 자리에 앉아 있는 시간을 늘리는 것이다. 실제로는 직접적인 업무와 무관한 불필요한 시간을 줄이면 된다.

22 _ 〈9〉 일이 시작되기 전에 해야 할 것을 명확히 한다

그런 주범 중 하나가 회의이다. 회사에서 하루에도 여러 번 회의가 진행된다. 회의는 업무를 가장한 시간 낭비의 주범이다. 생산적이지 않은 회의는 직장인의 중요한 시간을 낭비하게 만든다. 멀티태스킹에 온전히 투입하기 위한 시간을 확보하는 데 이같은 업무를 가장한 시간을 최소화하는 지혜가 필요하다. 모든 회의에 참석하려 들지 말고 반드시 들어가야만 하는 회의인지를 파악해 참여하고, 눈치를 살피면서 상사(선임)와 협의를 하는 센스가 필요하다.

예를 들어, 스스로 왜 이 회의에 들어가야 하는지 납득이 가지 않거나 내 업무 범위에 속하지 않는다고 판단되면 상사에게 참여 요청을 받은 회의에 대한 내용을 알려 주고 어떤 목적과 목표를 가지고 이 회의에 참석하면 되는지를 확인받는 것이 좋다. 가장 좋은 것은 안 들어가도 되는 회의라면 안 들어가는 것이다. 또한 회의 결과에 대해서 상사에게 알려 주어 회의에서의 내 역할과 앞으로 내가 어디까지 관여하고 무엇을 해야 하는지 상사의 생각을 들어 보도록 한다.

23

〰〰〰〰〰〰〰〰〰〰〰

〈10〉 내가 할 수 없으면 잘 할 수 있는 사람의 도움받기

팀과 프로젝트의 시간 관리를 철저하게 하려는 요구는 모든 리더의 공통적인 욕심이다. 좀 더 투명하고 확실하게 팀원 누군가가 현재 무엇을 하고 있고, 언제까지 무엇을 해야하는지 일목요연하게 알고 싶어한다. 그래서 이를 도와주는 툴들이 리더들을 유혹한다. 심지어는 각각의 프로젝트 진척도와 그 프로젝트에 참여한 팀원들이 현재 어느 정도의 업무를 완수했는지 업무별, 담당자별, 시간별로 상세한 진척도를 수치로 표시해 주는 프로젝트 관리 툴들도 존재한다. 이런 툴을 활용하면 팀의 시간을 철저하게 관리할 수 있을까? 시간 내 처리할 수 없다면 다른 사람 즉, 외부의 도움을 받는 것도 고려해야 한다.

| 팀의 시간 관리를 위한 방법 |

팀원 이름만 입력하면 현재 무엇을 진행 중이고, 어느 정도 업무가 완료되었으며, 일하지 않는 유휴 시간이 어느 정도인지 알 수 있다면 팀의 시간을 보다 효율적으로 관리할 수 있을까? 팀의 시간을 철저하게 관리할 수 있지만 생산적으로, 효율적으로 관리할 수는 없다. 툴은 목적이 되어서 안 된다. 툴은 수단일 뿐이다. 툴에 너무 의존하게 되면 툴에 데이터를 입력하고, 툴에 입력된 내용대로 업무를 진행해야 하는 기계적인 틀에 얽매여 열정적으로 일을 할 수 없다. 물론 창의적인 일이 아닌 정형화된 업무에는 이러한 툴들이 업무 관리에 효과적일 수 있다. 그런데 그렇게 정형화된 일은 그리 많지 않다(자동차나 선박, 건축물 등을 생산하는 일).

 팀의 시간을 관리해 주는 유용한 툴

하지만 툴을 적절하게 의미를 부여해서 도구로서 사용한다면 팀의 시간과 업무를 좀 더 투명하게 관리할 수 있다.

- ▶ **구글 캘린더:** 팀원 개개인의 업무 관련 일정을 함께 공유하며 사용할 수 있음.
- ▶ **MS 프로젝트:** 프로젝트의 진척도와 업무 담당자 등에 대한 전체 내역을 관리할 수 있음.
- ▶ **MS 셰어포인트 포털:** 팀원의 업무 협업과 정보 공유를 위한 그룹웨어.
- ▶ **구글 독스:** 공동 문서 편집을 할 수 있어 언제든 문서의 진척도가 어느 수준으로 진행되는지 파악할 수 있음.

툴이 아무리 훌륭해도 결국 이 툴에 익숙해지려면 사람이 툴을 적극 사용해야 한다. 하지만 정작 이 툴의 필요성을 가장 많이 원하는 리더가 이 툴을 적극 활용하지 않으면 정작 팀원들은 이 툴에 데이터를 입력하고 관리해야 하는 상시 업무가 새로 추가되는 것에 불과할 뿐이다. 소중한 업무 시간이 툴의 사용법을 익히고 데이터를 입력해야 하는 것 때문에 허비될 수 있다. 게다가 이 툴을 꾸준하게 사용하는 습관을 들인다는 것이 쉽지 않다. 각자 시간을 관리하는 방법과 습관은 다르기 마련인데 이것을 강제적으로 통일하는 것은 어렵다. 그러므로 강제적으로 적용하기에 앞서 팀원들 전체가 이 툴의 필요성과 유용함을 필히 자발적으로 인지해야 한다. 툴이 아무리 훌륭해도 사람이 익숙해지지 않으면 툴은 오히려 시간을 빼앗는 골칫덩어리가 될 뿐이다.

| 사람으로 줄일 수 있는 시간 |

기업은 때로 아웃소싱을 한다. 아웃소싱의 목적은 회사가 보유하지 못하는 지식과 역량을 갖춘 외부의 전문가를 통해 빠른 시간 내에 양질의 결과물을 얻고자 함이다. 이들은 프리랜서 혹은 긱 워커(Gig Worker)라 불리기도 한다. 실제로 많은 기업들이 아웃소싱을 통해서 컨설팅을 받고, 솔루션을 구매하며, 부품을 구입한다. 우리도 마찬가지다. 내가 하기 어렵다면 타인의 도움을 구하는 것이 일을 빠르고 정확하게 처리할 수 있는 방법이다.

할 수 있는 사람 찾기

내 능력과 시간은 유한하다. 내가 잘 할 수 있는 것이 있고 못하는 것이 있기 마련이다. 내가 잘하는 것이 타인은 못할 수 있고, 타인이 잘하는 것을 나는 못할 수 있다. 회사에서 업무를 처리하다 보면, 시간이 부족하거나 내 능력과 경험의 미흡함으로 제때 처리하지 못하는 업무가 있을 수 있다. 이때 하염없이 시간에 몸을 맡기면 일의 마감 시간은 늦어지고 업무 완성도는 떨어지게 마련이다. 그렇다고 상사나 선임, 동료에게 구원을 요청하는 것도 한두 번이고, 또 그런 SOS가 항상 구조로 답이 오는 것은 아니다.

이런 문제 해결의 좋은 방법 중 하나는 아웃소싱이다. 내가 하기 어렵다면 타인의 도움을 받으면 된다. 난 못하지만 잘 할 수 있는 사람을 찾으면 된다. 내가 하루이틀을 고민해야 얻을 수 있는 숙제지만 적임자는 한두 시간에 안에 해결할 수도 있다. 물론 그렇게 도움을 받을 사람을 찾으려면 그만큼 많은 사람들과 친분을 맺고 있어야 한다. 어떻게 수많은 인맥을 보유할 수 있을까?

직장 생활을 하다 보면 많은 사람을 만나기 마련이다. 내가 회사에서 받은 명함이 월 몇 장 정도 소비되는지 생각해본 적이 있는가? 만일 월 30장도 되지 않는다면 각성해야 한다. 적어도 월 30장을 넘는 명함을 소비해야 한다. 내가 30장을 썼다는 것은 30장의 명함을 받았다는 얘기다. 회사에서 업무를 보며 외부 관계사와 만나는 것 외에 각종 컨퍼런스와 세미나, 동호회와 커뮤니티 활동을 통해 자주 많은 사람을 만나 친분을 맺는 것이 바로 도움을 줄 수 있는 사람을 확보하는 길이다. 단, 이렇게 만난 사람들에 대해 차곡차곡 정리해 두어야 이 데이터베이스가 나중에 큰 도움이 될 것이다.

 명함 관리법

　사람을 만나 명함을 주고받는 것으로 인맥 관리가 끝나는 것은 아니다. 이렇게 만난 사람들이 내 조력자가 될 수 있도록 하려면 명함을 평소에 분류하고 관리를 해서 데이터베이스화해야 한다. 명함을 엑셀 등을 이용해서 다음과 같은 내역으로 기록해 두면 나중에 원하는 사람을 찾을 때 큰 도움이 된다.

1 만난 날짜와 장소

2 명함에 표기된 기본적인 정보: 이름, 연락처, 전자 메일 주소, 회사명, 부서, 직급

3 만났을 때 느꼈던 생각과 그 사람의 특징, 관심사 등에 대한 기록

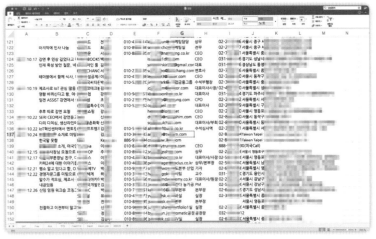

엑셀로 정리해 둔 명함 관리 내역

| 함께 할 사람 만들기 |

회사에서의 일이란 혼자 하는 것이 아니라 같이 한다. 일의 시간은 나의 역량에 의해서만 좌우되는 것이 아니다. 함께 일을 하는 그의 역량에 의해서도 좌우된다. 내가 아무리 성실하고 스마트하게 시간을 관리하며 일을 수행해도 그가 제대로 하지 않으면 업무는 시간으로 통제할 수 없게 된다. 특히 함께 하는 프로젝트의 경우에는 더더욱 동료들의 역량이 중요하다.

그런데 내 입맛에 맞게 일을 함께 할 동료를 선택할 수 있는 권한이 누구에게나 있는 것은 아니다. 그런 선택권을 부여받았다면 당연히 시간 관리가 철두철미한 적임자를 동료로 두는 것이 프로젝트의 시간 관리에 절대적이다(지식이나 업무 역량이 뛰어난 사람보다 시간 관리에 능숙한 사람이 더 훌륭하다). 하지만 대부분 일을 요청받아 해야 하는 직장인 입장에서는 입맛에 맞는 사람을 고를 형편이 되지 않는다.

그러므로 함께 할 사람을 찾는 능력보다 함께 하는 사람을 길들이는 것이 더 중요하다. 테니스를 하려면 네트를 넘어온 공을 상대에게 되돌려 보내야 한다. 한쪽에서 공을 받아 치지 않으면 더 이상 게임이 진행될 수 없다. 업무 역시도 내가 완전히 일을 마무리하려면 동료와 테니스 게임처럼 일을 주고받으며 진행해 나가야 한다. 상대가 제때 피드백을 주지 않으면 일은 앞으로 나아갈 수 없게 된다.

함께 일하는 사람과 테니스 치듯 재미있게 일을 주고받으며 진행하기 위해서는 어떻게 해야 할까? 테니스를 치는 두 사람이 게임을 제대로 즐기기 위해서는 테니스 게임의 규칙을 알아야 한다. 마찬가지로 동료와 일을 제대로 하려면 업무 규칙을 정하고 이에 대한 충분한 사전 공감대를 형성해야 한다. 그러려면 일을 시작하기 앞서 업무 전반에 대해 충분히 사전 공유를 해야 한다.

이 프로젝트가 추구하는 전체 목적과 목표가 무엇이고 언제까지 마감해야 하는지, 그렇게 하려면 중간중간 어떤 업무들이 언제까지 완료되어야 하는지를 정리해야 한다. 이렇게 정리된 내역을 가지고 서로 업무 분담을 한다. 만일 상대가 제시간에 일을 마무리하지 못했을 때 어떤 문제가 발생하는지에 대해서도 사전에 공감을 해야 한다. 물론 실제 프로젝트가 진행되면서 크고 작은 업무 지연이 발생할 것이며, 그때마다 프로젝트 일정에 어떤 차질이 빚어지는지, 그걸 막기 위해서는 어떤 후속 조치가 필요한지를 정리해야 한다. 사전에 업무 지연이 발생하지 않도록 중간 점검을 하고 피드백을 주고받는 커뮤니케이션도 필요하다. 이처럼 동료와의 업무 진행은 지속적인 커뮤니케이션과 확인이 필수적이다.

24h 함께 하는 사람과의 티타임

함께 하는 사람을 길들이려면 결국 관심을 보여야 한다. 잦은 만남을 통해서 서로 공감대를 형성해야 한다. 회사 업무라는 것이 내 뜻대로만 되는 것이 아니다. 시간이 흐르면서 처음의 열정과 전략, 목표가 계속 유지되기란 쉽지 않다. 주변 환경이 바뀌고, 경쟁사의 동향이 달라지고, 프로젝트에 참여한 사람들의 생각도 달라지기 마련이다.

함께 하는 사람들과 제시간에 프로젝트를 완수하기 위해서는 지속적으로 소통해야 한다. 참석자들과 가끔 식사나 티타임을 가지면서 가볍게 프로젝트의 갈등 요소가 무엇인지를 파악해야 하며 긴장을 해소시켜줘야 한다. 프로젝트에 간접적으로 참여한 사람과도 아침 티타임이나 점심 식사를 하면서 불만과 불평을 듣고 이를 해소시켜

23 _ 〈10〉 내가 할 수 없으면 잘 할 수 있는 사람의 도움받기

쥐야 한다. 불만은 속에 담아 두고 있으면 곪지만 입으로 발설하게 되면 부분 해소되기 마련이다.

티타임 등을 통해 서로의 생각을 자주 들으면서 프로젝트의 마감 시간에 문제 요소를 찾아내고 이를 조율하는 것이 프로젝트 리더의 역할이다. 또한 프로젝트의 비전과 목표를 자주 이야기하면서 서로의 달라진 생각들을 조정하고 의지를 북돋워야 한다.

| 조력자와 후원자 찾기 |

꽃이 만개하려면 물을 주고 햇볕을 잘 쬐는 등 세밀한 보살핌을 주어야 한다. 프로젝트 역시 마찬가지다. 프로젝트가 성과를 보여 주려면 많은 사람들이 관심을 보이면서 프로젝트를 보살펴야 한다. 직접적인 업무 당사자만 열심히 한다고 해서 프로젝트가 만개하는 것은 아니다. 간접적으로 많은 사람들이 성원하고 후원을 보여 줘야 한다. 많은 사람이 물심양면으로 지원을 해야 프로젝트는 물과 빛으로 무럭무럭 성장한 꽃과 같이 완성도 높은 결과물로 거듭 난다.

그래서 프로젝트를 하면서 동료 외에 후원자, 조력자를 찾는 것이 중요하다. 후원자는 프로젝트를 직접적으로 돕진 않지만 간접적으로 프로젝트가 제때 끝나고 제대로 평가받는 데 도움을 준다. 그렇다면 프로젝트에 물심양면의 도움을 줄 조력자를 어떻게 찾을 수 있을까? 프로젝트를 시작하면 주변의 사람들에게 비공식적으로 프로젝트를 소개하는 것이 좋다. 식사를 하며, 회식을 하며, 이런저런 회의와 담소 등을 통해서 담당하는 프로젝트를 적극적으로 내부 PR을 해야 한다. 다양한 관심사를 가진 회사 내의 직원 중에 프로젝트에 우호적인 사람, 호기심을 갖는 사람이 존재하기 마련이다. 이런 사람들을 조력자로 삼아야 한다.

조력자에게 프로젝트가 더 잘되기 위해 필요한 조언을 구하고 그들의 의견을 존중하는 태도를 보여야 한다. 프로젝트를 진행하며 그들이 보여준 조언과 관심이 얼마나 소중하고 프로젝트의 진행에 도움이 되는지를 설명해야 한다. 각종 보고와 결과의 성과에도 그들의 아이디어와 조언을 주요 기여점으로 소개해야 한다. 그들의 도움이 프로젝트의 완성도를 높이는 데 크게 기여하고 있음을 알게 되면 그들의 도움은 더욱 커질 것이다. 그런 간접적인 후원은 프로젝트의 속도를 더 빠르게 해 주고, 성과를 평가받는 데 큰 도움이 된다.

 일을 방해하는 사람들

회사는 이해관계가 다른 여러 부서와 사람들이 모여 있다. 세 사람이 모이면 정치가 싹트는 것이 사회인데, 회사가 정치적이지 않기를 바라는 것은 순진한 생각이다. 회사의 정치로 인해 일의 진행이 방해받아 더뎌지는 경우가 발생한다. 이것은 내가 가진 능력이나 시간 관리와는 무관하다. 일을 효율적으로 수행하려면 이런 방해 요소를 제거할 수 있어야 한다.

물론 정치적인 힘의 논리를 활용해 효과적으로 시간 관리를 하는 것은 상당한 내공과 경험이 필요하다. 직장 경력 5년 미만의 직장인에게는 권력을 가진 사람들의 훼방을 막는 가장 효과적 방법은 프로젝트가 진행되면서 사전에 그들의 생각과 의견을 열심히 경청하는 것이다. 즉, 일을 하면서 일부러 업무 내역과 진행 과정을 여러 경로를 통해서 그들의 귀에 들어가도록 해야 한다. 그 과정을 통해서 그들이 가진 생각과 입장을 미리 듣고 그에 대한 대안을 마련하거나, 그들의 생각을 존중해 주는 제스처를 취하는 것이 그 방해로 인해 일의 속도를 늦추게 되는 것을 최소화할 수 있는 방법이다.

그런 방법으로도 전혀 도움이 되지 않는, 말 그대로 훼방꾼은 무시하되 차후 더 큰 방해로 발전하지 못하도록 상사나 본 프로젝트의 의사 결정권자에게 정보를 제공해 도움을 받아야 한다.

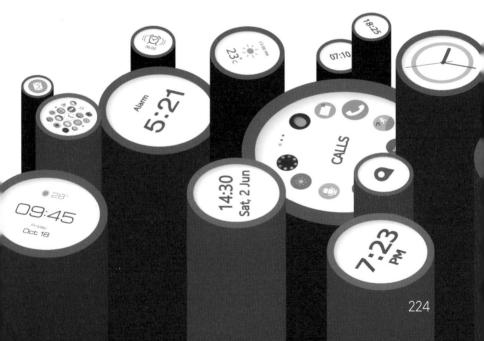

IV

시간 관리를
도와주는 도구들

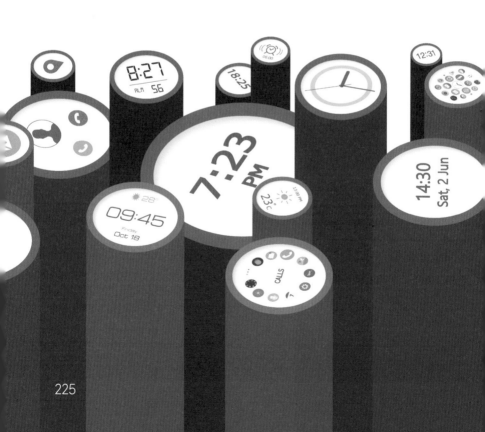

효율적인 시간 관리를 위해서는 그에 맞는 도구가 필요하다. 스마트폰이 등장한 이후 지금 우리 손에 스마트폰이 없으면 얼마나 불편할지 생각해 보면 도구가 얼마나 중요한지 짐작할 수 있다. 그런 도구는 꼭 디바이스의 형태로만 존재하는 것은 아니다. 앱 혹은 웹 서비스 그리고 시계나 향초, 포스트잇에 이르기까지 다양하다. 시간 관리에 도움을 주는 다양한 도구의 용도와 활용 방안을 살펴보자.

24

~~~~~~~~~~~~~~~~~~~~~~~~~~~~~~~~

시간 관리를 위한
기기와 사물

난 새로운 발명품, 최신의 디지털 기기, 신기한 물건에 관심이 많다. 한마디로 얼리 어댑터이다. 사용 중인 디지털 기기만 해도 수십 종에 이른다. 스마트 스피커부터 시작해서 디지털 레코더, IP 카메라, 태블릿, 스마트워치와 각종 사물 인터넷 기기들을 다양하게 활용하고 있다. 이들 기기나 사물 중에 시간 관리에 더할 나위 없이 좋은 것들이 있다.

| 스마트폰의 생산적인 활용 |

스마트폰은 거의 컴퓨팅 파워를 가진 만능 인터넷 디바이스다. 화면은 작지만 오히려 작기 때문에 필요로 하는 정보만 띄워 손가락으로 원하는 메뉴를 터치해서 직관적으로 조작이 가능하다. 그런 스마트폰으로 카카오톡이나 페이스북, 인스타그램, 유튜브 그리고 게임만 하는 것은 스마트 워크와 어울리지 않는다. 직장에서 노트북이나 컴퓨터가 생산적인 도구로써 역할을 하는 것처럼 스마트폰 역시 그런 도구로써 적합하다.

스케줄 관리와 알람

캘린더 기능은 스마트폰으로 할 수 있는 가장 기초적인 스마트 워크의 도구이다. 스마트폰 이전만 해도 다이어리나 포스트잇에 일정을 기록해서 사용했는데 그에 비하면 장족의 발전이다. 스마트폰 캘린더는 보기 좋게 일, 주, 월별 일정을 볼 수 있고 즉시 수정할 수 있으며 지난 일정이나 앞으로의 스케줄을 빠르게 검색할 수 있다는 장점을 가진다.

특히 알람 기능은 유용하다. 스케줄 임박 전 10분이나 30분, 1시간 등 알람을 설정해 둬 잊지 않도록 하기 좋다. 무엇보다 캘린더에는 미팅 위치와 내용을 넣을 수 있어서 해당 장소를 터치해 카카오맵이나 티맵을 실행해 지금 위치에서 미팅 장소까지 얼마나 시간이 소요되는지 금세 파악하는 것도 가능하다. 또 캘린더 기록 시에 내용을 넣을 수 있어 회의 목적이나 참석자 등에 대한 내역도 빠르게 확인이 가능해 미팅 준비를 보다 철저하게 할 수 있다.

효과적인 기록 장치

무엇보다 스마트폰의 강점은 카메라와 마이크가 내장되어 있고 늘 휴대하기 때문에 촬영과 녹화, 녹음을 통해 기억에 남기고자 하는 것을 기록할 수 있다는 점이다. 회의하며 화이트보드에 메모한 것을 촬영해서 기록할 수 있고, 강연이나 세미나의 발표 내용도 영상이나 음성으로 레코딩할 수 있다.

특히, '마이크로소프트 렌즈(Microsoft Lens)'라는 앱은 화이트보드에 기록된 내용만을 정확하게 파악해서 저장해 준다. 또한 문서나 명함을 보다 선명하게 촬영해 주기도 한다. 사각형의 종이를 조금 기울여 촬영하더라도 반듯하게 교정해줄 뿐 아니라 PDF 문서로 만들어 주기도 한다. 마치 스캐너처럼 스마트폰을 이용할 수 있도록 해 준다.

렌즈(Lens)를 이용해 문서나 화이트보드, 명함을 스캔할 수 있다.

24 _ 시간 관리를 위한 기기와 사물

'리멤버'라는 앱은 명함을 촬영하면 명함 내에 기록된 회사명, 이름, 연락처, 메일 주소, 회사 주소 등의 정보들을 정확하게 인식해서 스마트폰 주소록에 기록할 수 있도록 도와준다. 또한 스마트폰에 기본 앱으로 탑재된 음성 메모나 녹음기 앱을 이용하면 운전 중이거나 걷는 중에도 쉽게 메모할 수도 있다. 또 '헤이 카카오' 앱에서 제공되는 '받아쓰기' 기능은 음성을 텍스트로 전환해 주기 때문에 타이핑을 하지 않고도 문장 입력이 가능하다.

리멤버 앱을 통한 명함 자동 입력

| 훌륭한 스마트 워크의 동반자, 태블릿과 전자책 |

최근에는 컴퓨터보다 노트북을 보급하는 기업들이 늘었다. 노트북을 모니터나 키보드와 연결하면 데스크탑처럼 사용할 수 있고 성능도 컴퓨터 못지않아 노트북을 보급하는 경우가 많다. 그렇다면 태블릿은 무슨 용도로 사용할 수 있을까? 노트북처럼 성능이 뛰어나지도, 스마트폰처럼 휴대하기도 애매한 태블릿은 스마트 워크에 어떤 도움이 될 수 있을까?

 어디서나 메모하며 독서

더 잘 일하려면 더 많은 학습을 해야 한다. 학습에 책 만한 것은 없다. 그런데 한 권 두 권 책을 사다 보면 보관하는 것도 여의치 않고 출퇴근, 외근, 출장, 휴가 중 책을 가지고 다니는 것도 만만치 않다. 이때 태블릿은 빛을 말한다. 수백, 수천 권의 책을 저장할 수 있기 때문이다. 전자책 앱을 설치하면 온라인으로 책 구매 후 그 즉시 볼 수 있으며, 수많은 책들을 저장하고 비행기에서, 카페에서, KTX에서 볼 수 있다. 전자책의 최대 장점은 책을 읽다가 기억에 남는 페이지는 책갈피를 하고, 형광펜으로 표기하고, 직접 메모도 넣을 수 있다는 것이다. 그렇게 기록한 내용은 검색해서 볼 수도 있다.

24 _ 시간 관리를 위한 기기와 사물

리디북스를 이용한 태블릿에서 전자책 보기

쓱싹쓱싹 디지털 펜으로 메모하기

종이와 펜의 최대 장점은 머릿속에 떠오른 상념과 생각을 필기로 언제든 기록할 수 있다는 점이다. 태블릿도 전자펜을 이용해 종이에 필기하듯 메모할 수 있다는 장점을 가진다. 텍스트가 아닌 그림이나 다이어그램, 생각들을 스케치할 수 있다. 특히 이렇게 기록된 내용은 디지털 파일로 저장되기 때문에 스마트폰, 컴퓨터 어디서든 확인할 수 있으며 쉽게 검색할 수 있다. 컴퓨터와 스마트폰에 익숙해져 버리면 종이에 쓱쓱 펜으로 스케치하며 생각을 정리하는 그 느낌을 잊어버리게 된다. 태블릿과 전자펜은 종이와 펜이 주는 정리의 기술을 잊지 않도록 해 준다.

노트북이나 스마트폰을 회의에 가지고 가면 여러모로 부담스럽다. 스마트폰은 괜히 회의에 집중하지 않고 딴짓한다는 오해를 사기 십상인 데다 워낙 화면이 작아 회의록을 정리하거나 문서를 확인하는 데 제한이 많다. 노트북은 너무 거추장스럽다. 무겁기도 하고 마우스나 터치패드로 참고할 문서를 찾고 브라우저를 열고 검색을 하는 것이 마치 정장을 입고 조찬 세미나에 참석한 것 같은 거북함을 느끼게 한다. 이때 태블릿은 스마트폰같은 간결함과 노트북의 강력한 성능이라는 장점을 모두 가질 수 있게 해 준다. 경량화된 앱을 손가락으로 눌러 즉각 원하는 앱을 실행할 수 있고 문서를 열고 웹 브라우저로 검색을 하는 것이 빠르고 간편하다. 이메일을 열고, 스케줄을 확인하고, 웹 검색을 하고, 문서를 참고하는 것이 빠르고 앱 간에 왔다갔다 스위칭하기도 편하다.

| 시간 관리를 위한 액세서리들 |

효과적인 시간 관리에 도움을 주는 신박한 액세서리들이 있는데 모두 디지털 기기가 아니다. 눈, 귀, 코, 손가락을 자극해 집중력을 높여 스마트 워크를 가능하게 해 주는 액세서리들이다. 꼭 디지털 기기나 소프트웨어만이 스마트 워크의 도

233

구는 아니다. 오감을 자극해 스마트 워크를 가능하게 해 주는 다양한 액세서리를 눈여겨보자.

 타임 타이머와 집중을 위한 인터넷 조명

구글에서 애용한다는 타임 타이머 일명 '구글 타이머'라고도 불리는 이 타이머는 최대 1시간을 기준으로 분별로 타임 설정을 할 수 있도록 해 준다. 이런 타이머야 스마트폰 앱에도 있고 여러 시계가 있는데, 이 타임 타이머의 특징은 시각적 효과이다. 남은 시간이 빨간색으로 표시되어 시간이 얼마나 남았는지 직관적으로 알려 준다. 집중해야 할 시간을 설정하면 빨간색으로 남은 시간이 정확하게 표시되기 때문에 주의력이 흐트러지면 마음을 다져 잡게 된다. 별것 아닌 것 같지만 시각이 주는 효과가 상당하다. 처음에는 10분, 20분에서 시작해 차츰 늘려 60분으로 늘려 나가기 시작하면 집중력을 더 오래 유지할 수 있다. 타이머로 설정한 시간 동안은 의도적으로 스마트폰이나 알람, SNS, 전화 등은 모두 차단한 채 오로지 집중할 것에만 신경 써야 한다.

구글에서 사용한다는
타임 타이머

조명도 집중력을 높이는 데 한몫을 한다. 필립스의 휴 시리즈 '조명'은 인터넷에 연결해 조명의 밝기와 색상을 조정할 수 있다. 조도와 색상을 거의 무한대로 바꿀 수 있다. 술 마시기에 좋은 조명이 있고, 공부하기 좋은 조명이 있듯이 일하는 데 적합한 조명이 있다. 집중력을 높이는 데 적당한 조명은 사람마다 다르다. 집중이 되지 않으면 이 조명을 다양하게 바꿔 가며 정신을 다잡으면 좋다. 여러 색상으로 바꿔 가며 내게 맞는 최적의 조명을 찾아보자.

나간 정신도 돌아오게 해 주는 소리와 향기

공포 영화를 볼 때 소리 없이 본다면 전혀 긴장감이나 공포감이 느껴지지 않는다. 사실 보는 것보다 듣는 게 더 심리적 영향이 크다. 난 책상에 앉아 사업 아이템을 찾거나 신박한 기획 아이디어를 구상하거나 원고 집필을 하면서 집중이 잘 안될 때는 책상 위에 올려 두는 콜벨이나 차임벨 같은 종을 이용한다. 이 벨을 한번 눌러 종소리를 울려 정신을 가다듬곤 한다. 의외로 이 소리 한두 번에 정신이 돌아오곤 한다. 성당이나 절에 있는 종처럼 책상 위 차임벨이 옷매무새를 다듬게 만든다.

또한 향초도 집중력을 높이는 데 훌륭한 도구다. 특히 나무 심지를 이용한 캔들은 향기와 소리까지 내기 때문에 눈과 귀 그리고 코를 자극해 집중하기 좋은 환경을 만들어 준다. 내 경우 집중이 잘 안될 때는 키보드를 다른 것으로 교체해서 타이핑을 하기도 한다. 키보드마다 손가락을 두드릴 때의 촉감과 소리가 달라 키보드를 바꾸는 것만으로도 다른 기분을 느끼게 해 준다.

 ## 어디서든 기록해 주는 포스트잇

포스트잇이야 말로 스마트 워크의 전통적인 도구이다. 포스트잇은 두 가지 방식으로 이용할 때 진가가 발휘된다. 첫째는 여러 개의 포스트잇에 기록해둔 키워드들을 포스트잇의 배치를 이리저리 바꿔가면서 키워드 간에 연결된 구성도를 살필 때 도움이 된다. 인과 관계나 그룹핑, 분류 등을 이리저리 바꿔가며 구조화할 때 효과적이다. 둘째는 작은 크기의 메모지라 언제 어디서나 휴대하며 기록하기 편하다.

특히 포스트잇 중에는 물에 젖지 않는 3M 포스트잇 '익스트림 노츠'나 '아쿠아 노트(AQUA notes)' 등이 있다. 이 포스트잇은 샤워를 하며 샤워부스 주변에 부착해 둔 채 떠오른 아이디어를 간단히 메모하기에 적당하다. 내 경우 샤워를 하면서 떠오르는 아이디어들이 많다. 그런 아이디어는 수건으로 물을 닦는 사이에 금세 휘발되어 버린다. 그러므로 떠오른 생각은 그 즉시 기록해 두어야 한다. 이때 무척 유용하다.

샤워할 때 메모할 수 있는 아쿠아 노트

🕐 집중력을 불러오는 장치들

일에 집중할 수 있는 환경이 아니라면 그 환경을 바꾸어야 한다. 비단 공간을 바꾸는 것뿐 아니라 그 공간 내의 조명이나 배경 소리 그리고 컴퓨터나 키보드, 마우스, 의자도 모두 포함된다. 즉, 회사에서 집에서 일이 안된다면 커피숍이나 공유 오피스, 야외로 나가는 것도 방법이고 조명을 어둡거나 다양한 색상으로 바꾸는 것도 환경을 바꾸는 일환이 될 수 있다.

더 나아가서는 컴퓨터가 아닌 노트북, 노트북이 아닌 태블릿으로 업무 사용 기기를 바꾸는 것도 대안이다. 내 경우에는 키보드나 마우스를 바꾸어 분위기 전환을 시도하기도 한다. 마치 글이 잘 안 써지고 집중이 안될 때 메모하는 종이, 노트를 바꾸거나 펜을 연필이나 만년필로 바꾸면 글이 잘 써지기도 하는 것처럼 키보드를 바꾸어

24 _ 시간 관리를 위한 기기와 사물

타이핑하는 키감이나 키보드 소리를 다르게 함으로써 집중력을 불러올 수도 있다. 이런 다양한 노력들로 집중력을 하염없이 기다릴 것이 아니라 내게 데려와야 한다. 내 경우에는 기계식 키보드를 10여 개 사용 중인데, 청축/갈축/적축/흑축 등 다양한 제품을 여러 브랜드별로 갖추고 있다. 일반적으로 기계식 키보드의 가격이 10~30여만 원에 이를 정도로 비싼 데도 불구하고 여러 개를 가지고 있는 이유는 타이핑의 타격감과 누를 때의 소리가 달라서 글 쓰는 기분을 다르게 하기 때문이다. 집중이 잘 되지 않을 때에 키보드를 바꾸어 변화를 주어 몰입감을 높여도 된다. 집중력을 높이려는 부단한 노력과 신경을 다양하게 써야 한다.

환경과 분위기를 바꾸기 위한 키보드

마우스 역시 여러 개의 버튼에 단축키를 설정해서 작업 시간을 최소화할 수 있도록 하고 있다. 복사, 붙여넣기, 뒤로, 다음으로, 창 닫기 등의 자주 사용하는 기능키들을 메뉴를 누르거나 키보드 단축키를 이용하는 것보다 마우스나 이런 기능을 할당해서 사용할 수 있는 컨트롤러를 이용하면 작업 시간을 단축하고 좀 더 빠르게 업무 처리가 가능하다.

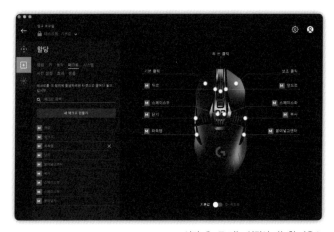

여러 매크로 기능 설정이 가능한 마우스

엘가토라는 회사에서 판매하는 '스트림 덱'이라는 컨트롤러를 이용하면 특정한 단축키나 기능을 버튼에 설정해 둘 수 있다. 방송 편집이나 이러닝 녹화, 줌(ZOOM) 등의 화상 회의 및 프레젠테이션을 할 때 미리 설정해 둔 버튼만 누르면 즉시 약속해 둔 작업이 실행된다.

24 _ 시간 관리를 위한 기기와 사물

또 스마트폰 앱도 있어 '엘가토 스트림 덱(elgato stream deck)'으로 검색하면 스마트폰을 이용해서 컴퓨터에서 자주 사용하는 기능을 한 번의 버튼 터치만으로 해결할 수 있다. 그리핀(Griffin)이라는 회사의 '파워메이트(powermate)'라는 특수 입력키도 비슷하게 동그랗게 생긴 버튼을 짧게 누르거나 길게 누르고, 돌려서 다양한 컴퓨터 작업을 손쉽게 실행할 수 있다. 이러한 컨트롤러를 이용하면 작업 속도를 개선시킬 수 있다.

컴퓨터 작업을 할 때보다 빠른 매크로 입력을 도와주는 컨트롤러

또한 '피할 수 없으면 즐기라'는 말처럼 적응해야 할 수 있다. 세 살된 아이가 도무지 책상에 앉아 일할 수 없게 만든다면 아예 아이와

함께 일하는 것을 선택해야 한다. 옆에 아이를 두고 게임을 하게 하거나 장난감을 가지고 놀게 하고 그 옆에서 일하는 것도 대안이 될 수 있다. 혹은 아이가 노는 그 장소로 가서 노트북이나 태블릿을 열고 일하는 방법도 가능할 것이다. 계속 집중에 방해가 되는 요소를 피하려고만 하지 말고 함께 하는 것을 모색하는 과정에서 의외의 가능성을 발견할 수 있다.

피할 수 없으면 함께 하라

24 _ 시간 관리를 위한 기기와 사물

25

마인드맵 SW로 생각 정리법

사무직 직장인들은 대부분 산출물이 문서이다. 최종 산출물이 문서로 완성된다. 문서로 생각을 표현하고 정리를 하기 위해서는 우선 머릿속에서 생각이 정돈되어야 한다. 그림을 그리기 위해 먼저 전체적인 윤곽을 스케치하듯 머리에 정돈되지 않은 추상적인 생각을 1차로 스케치를 한 이후에 문서로 구체화하면 훨씬 빠르고 정교하게 문서 작성이 가능하다. 생각을 빠르게 정돈해 가는 방법을 익히는 것은 업무 속도를 개선시키는 데 실질적 도움이 된다.

| 생각을 빠르게 정리하는 법 |

마인드맵은 1970년대 유럽의 토니 부잔(Tony Buzan)에 의해 시작된 필기법이다. 생각과 아이디어를 핵심 아이디어를 기준으로 바깥으로 뻗어 나가는 가지를 사용함으로써 구조화하는 것이다. 이렇게 비주얼한 기록을 통해 기억, 회상, 연상을 보다 쉽게 하고 이것이 창조적인 생각을 가능하게 할 뿐 아니라 생각을 구조적으로 정리할 수 있도록 해준다. 마인드맵을 활용하면 창의성 계발과 사고력을 증진시킬 수 있다.

 마인드맵 작성법

일반적으로 우리는 생각이나 아이디어를 정리하고 메모할 때 직선식의 필기법을 활용한다. 떠오르는 생각들을 노트에 그어진 줄에 맞춰서 순차적으로 정리한다. 이러한 방법은 단조롭고 지루하기 때문에 창의적인 사고를 방해한다. 또한 집중력이 떨어지고 필기한 내용을 한눈에 알아보기 어렵다. 반면 마인드맵으로 작성된 문서는 필요한 단어만을 사용해 시각적으로 배치하기 때문에 창의적인 생각을 가능하게 해 준다. 마인드맵은 방사 사고의 표현으로 중심을 기준으로 주요 키워드를 사방으로 뻗어 나가며 기술한다. 이때 단어를 단색으로 정리하는 것보다 다양한 색상과 이미지, 부호를 사용하면 훨씬 시각적으로 자극이 되어 생각이 더 가지치기를 하면서 퍼져 나갈 수 있다. 이 과정을 통해 좌우 뇌의 기능을 유기적으로 연결하여 사고력 증대를 가져다준다. 즉 마음 속의 지도를 글자는 물론 기호, 그림을 이용해 표현함으로써 창의성과 기억력을 증진시켜 준다. 기존의 노트 필기법과 달리 이미지와 언어의 연상 작용을 이용한 시각적인 노트 작성법이라 할 수 있다.

25 _ 마인드맵 SW로 생각 정리법

마인드맵은 백지와 색펜을 이용해서 기록해 간다. 백지는 가급적 줄이 없는 종이가 좋다. 줄이 쳐진 종이는 생각을 하는데 제한할 수 있기 때문이다. 색펜의 경우 주가지의 수만큼 준비하는 것이 좋다. 대개 5색 정도를 준비하고 중앙에 중심어를 넣으면서 색펜을 이용해 각각의 주가지를 다른 색상을 색칠하면서 이미지와 단어를 이용해서 생각을 정리해 나가면 된다.

24h 백지 위의 마인드맵

마인드맵은 그저 머리와 손이 이끄는 대로 생각을 끊임없이 하면서 정리해 간다. 연상 작용을 하면서 손을 부지런하게 움직이며 생각을 정리한다. 생각이 꼬리에 꼬리를 물면서 지속되어야 기발한 아이디어가 나올 수 있다. 이렇게 정리된 내용을 기반으로 머릿속에 헝클어진 생각을 논리 정연하게 정리할 수 있는 단초가 마련된다.

| 디지털 마인드맵의 활용 |

마인드맵을 PC에서 손쉽게 구현할 수 있도록 도와주는 프로그램은 여러 종류가 있다. 이 프로그램을 이용하면 머릿속에 떠오르는 여러 아이디어를 비주얼한 이미지와 기호, 색상 등을 이용해 쉽게 정리할 수 있다. 필기보다 디지털로 정리하는 것이 수정하기에도 편리하다.

마인드맵 프로그램의 이용

대부분의 프로그램 사용법이 비슷하므로 '마인드노드(mindnode)'
라는 소프트웨어를 기준으로 소개한다.

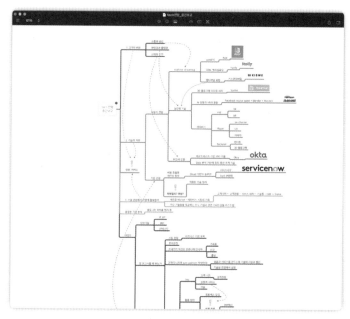

손쉽고 자유롭게 마인드맵을 작업할 수 있는 마인드노드

❶ 마인드맵 프로그램을 실행하면 중앙에 핵심 주제를 입력할 수 있는 메뉴가
나타난다. 이것을 중심어라 한다. 이곳에 다루고자 하는 핵심적인 단어를 기
입한다. 입력이 끝나 면 엔터를 누른다.

❷ 스페이스바를 누르면 중심어의 옆에 주가지가 나타난다. 이곳에 주제를 기입

하고 엔터를 누른다. 이렇게 중앙의 핵심 이미지 주위로 가지를 치면서 주제어를 기입해 나가면 된다. 이렇게 생각의 나래를 지도로 정리하는 것이 마인드맵의 핵심이다.

❸ 주제어 입력을 끝내면 주제어를 마우스로 클릭하거나 키보드의 방향키를 이용해 주제어를 선택한다. 그리고 스페이스바를 누른다. 주제어 옆에 부가지가 나타난다. 주제어에 대해 세부적인 내용을 담은 핵심어로 부주제를 기입한다. 기입이 끝나면 엔터를 누르고 다시 스페이스바를 누르면 부가지가 나타난다. 이러한 방법으로 부주제를 계속 기록해 나간다.

❹ 부주제는 주제에 대한 세부적인 내용을 담고 있어야 한다. 그리고 가급적 핵심적인 단어만을 이용해 구성하는 것이 좋다. 또한 주제, 부주제 등에는 색상이나 심볼 등을 적절히 배치함으로써 시각적으로 강렬한 인상을 주도록 하는 것이 좋다.

❺ 이러한 방법으로 중앙어를 중심으로 주제와 부주제를 주가지와 부가지를 이용해서 정리해 간다. 부주제는 좀 더 세부적이고 자세한 내용을 기록해 넣도록 한다. 너무 추상적인 단어만으로 구성하면 창의적 아이디어나 다양한 정보를 생각해 낼 수 없다. 전체적으로 중앙에 위치한 중앙어 중심으로 가지를 통해서 다양한 정보들이 연계됨으로써 생각을 체계적으로 정리할 수 있다.

| 마인드맵 소프트웨어의 유용함 |

디지털 마인드맵의 가장 큰 강점은 가지에 붙은 주제어를 쉽게 다른 가지로 이동시킬 수 있다는 점이다. 생각을 정리하다 보면 A 가지에 붙은 주제가 B 가지로 옮기는 것이 더 논리적일 수 있다. 이렇게 생각을 재정리하면서 각 주제어를 마우스를 드래그해서 쉽게 이곳저곳으로 옮기고 통합하는 것이 디지털 마인드맵에서는 간단하다. 머릿속에 있는 생각을 눈으로 볼 수 있도록 표시하고, 이렇게 표시된 논리 구조를 쉽게 이리저리 바꿔가며 정리할 수 있으므로 좀 더 빠르게 내 생각을 체계화해서 단단하게 만들 수 있다. 또한 스마트폰이나 태블릿 등에서도 언제든 확인하고 수정할 수 있어서 생각을 틈틈이 정리하고 기존에 정리한 내역을 확인해 볼 수 있다.

태블릿에서 확인한 마인드맵으로 저장한 내역

25 _ 마인드맵 SW로 생각 정리법

26

∿∿∿∿∿∿∿∿∿∿∿∿∿∿

캘린더 앱을 이용한
시간 관리법

흔히 시간 관리하면 약속을 잘 지키고, 미팅에 늦지 않는 사람을 떠올린다. 일에 대한 마감 시간도 중요하지만 기본적으로 시간 약속을 지키는 것이 시간을 효율적으로 관리하는 직장인의 기본 자세이다. 약속을 정확하게 지키기 위해서는 계획적으로 살아야 하며 내일, 금주, 다음 주, 이번 달의 일정을 통제할 수 있어야 한다.

| 미팅, 회의 약속은 만사의 기본 |

오죽하면 '코리아 타임'이라는 말이 생겼을까! 한국 사람들은 성격이 급하고 성실하다는 평가를 받음에도 불구하고 약속 시간은 잘 지키지 않는 것으로 평가받는다. 우리는 일의 시작 시간보다 끝내는 시간을 더 중시 여기다 보니 시작은 비록 늦더라도 밤을 새워서라도 끝내려는 성실함, 사명감이 더 큰 듯하다. 효율적 시간 관리는 시작이 중요하다. '시작이 반'이라는 격언처럼 시작을 어떻게 하느냐에 따라 일이 훨씬 수월하게 진행될 수 있다.

미팅 약속이나 회의 약속은 반드시 1분이라도 어기지 않는 습관을 들여야 한다. 물론 출근 시간도 마찬가지다. 하지만 많은 직장인들이 습관처럼 5분, 10분 늦는 것을 당연시한다. 하나를 보면 열을 안다고 한다. 미팅이나 회의 시간에 늦는 것은 습관일 뿐이다. 이를 극복하지 못하면 시간 관리의 기초부터 실패하는 것이다. 누구나 뻔히 아는 사실임에도 불구하고 우리는 왜 약속 시간에 늦을까?

그것은 시간에 대한 그릇된 관념 때문이다. 대개 시간에 늦는 이유를 보면 차가 늦거나 갑작스러운 일이 생겨서라는 핑계를 통해 자기 위안을 삼게 된다. 그런데 시간에 늦는 사람은 항상 습관적으로 늦는다. 더 이상 시간을 어기지 않으려면 삶에 대한, 약속에 대한, 시간에 대한 기본적인 자세의 변화가 있어야만 한다. 그렇게 하기 위해서는 시간을 통제할 수 있어야 한다. 즉 1시간 후, 10분 후에 내가 무엇을 해야 하는지, 어떤 약속이 있는지를 항상 인지하고 있어야 한다. 또한 그 약속을 지키기 위해서는 몇 분 전에 움직여야 하는지를 항상 염두에 두어야 한다.

이렇게 약속 시간을 준수하려면 하루하루의 일정을 시간별로 기록해 두어야 잊지 않는다. 일에 몰입하다 보면 한 시간 후의 약속을 잊기 쉽다. 그러므로 약속을 관리해 주는 툴을 이용하는 것이 좋다. 다이어리나 캘린더 혹은 PC에서 사용할 수 있는 소프트웨어, 스마트폰의 캘린더 앱을 이용해 약속을 꼼꼼히 기록해 두면 약속에 늦는 일은 더 이상 없을 것이다.

| 일정 관리의 핵심은 내용 |

아웃룩, 구글 캘린더, 네이버 캘린더, 카카오 캘린더 등의 일정 관리 툴을 이용할 때 좀 더 철저한 시간 관리를 하려면 두 가지 원칙이 있다. 하나는 일정에 상세한 내역을 기록하는 것이고, 또 하나는 일정별로 분류를 해서 구분해야 한다는 점이다.

 상세한 내용 기록하기

약속은 날짜와 시작 시간, 종료 시간 그리고 장소로 구성된다. 대부분의 일정 관리 툴에는 이러한 내용을 기록하도록 되어 있다. 그런데 일정을 보다 유용하게 사용하려면 반드시 기록해야 할 것이 있다. 바로 일정에 대한 내용이다.

누구를, 어디에서, 언제 만나서, 무엇을 하는지가 약속을 구성하는 요소이다. 우리는 누구, 어디, 언제에만 관심을 가지지만 실제 중요한 것은 '무엇'이다. 만나서 어떤 내용을 이야기하느냐가 중요하다. 수많은 약속을 하다 보면 정작 약속 장소에 나가서 무슨 이야기를 해야 하는지 깜빡할 수 있다. 회의를 생각해 보자. 일에 치이고 바쁘게 업무를 보다 보면 정작 회의 시간이 되었는데 이 회의가 무슨 목적으로 진행되고 어떤 사람들이 참석하는지, 내가 회의에서 무엇을 이야기해야 하는지 깜빡할 수 있다.

캘린더에 상세하게 내용을 채워 넣은 모습

26 _ 캘린더 앱을 이용한 시간 관리법

그러므로 일정을 기록할 때에는 내용에 미팅의 목적과 개요 및 참고할 자료들을 기록하는 것이 좋다. 단지 미팅 시간과 장소만 기록할 것이 아니라 미팅에 대한 세부 내역들을 기록해 두면 미팅을 앞두고 이 같은 내용을 쉽게 확인할 수 있어 미팅을 보다 효율적으로 진행할 수 있다.

그리고 미팅이 끝난 후에 결과(회의록 등)를 간단하게 일정에 추가해 두는 것이 좋다. 미팅 전과 후에 이 같은 내용들을 기록해 두면 나중에 과거를 회상하면서 미팅 내역을 찾아볼 때 유용하다. 사실 한 달 전에 만났던 'A 기업의 B 솔루션 제안 미팅'에 대한 회의록이나 A 기업 담당자의 연락처 등을 찾으려면 메일이나 회의록 파일을 뒤져야 하는데 이게 생각보다 시간이 꽤 소요된다. 하지만 시간별로 일정이 기록되어 있는 캘린더에서는 금세 찾을 수 있다. 그러려면 미팅 전뿐만 아니라 미팅이 끝난 후에 회의 결과를 기록해 두면 좋다.

일정을 색상별로 분류하기

캘린더 앱에서 제공되는 기능 중에는 일정을 구분할 수 있는 메뉴가 있다. 즉, 회사 내부 회의와 외근 그리고 개인 일정과 외부 활동 등으로 항목을 구분할 수 있다. 스케줄을 기록할 때 일정마다 구분해서 기록하면 한눈에 주별, 월별 스케줄을 분류해서 볼 수 있다. 한마디로 내가 어떻게 살고 있는지를 알기 쉽다. 이때 캘린더에 기록된 항목별로 색상도 구분해 두면 보기에도 좋다.

| 언제, 어디서나 시간표 관리 |

약속에 늦지 않는 왕도는 무엇일까? 앞서 살펴본 것처럼 시간에 대한, 상대에 대한 관심과 예의다. 참석자의 시간을 소중하게 생각한다면 절대 약속을 어기지 않으려는 태도가 마음속에 싹틀 것이다. 그러려면 언제 어디서나 오늘의, 내일의, 금주의 일정을 항상 염두에 두어야 한다. 10분 후, 1시간 후, 내일 어떤 약속이 있는지, 누구와 만나는지를 항상 인지할 수 있어야 한다. 그러려면 어떻게 해야 할까? 항상 내 시간표를 확인할 수 있어야 한다. 가장 좋은 방법은 스마트폰의 캘린더 앱을 이용하는 것이다. 캘린더 앱은 웹과도 연동되기 때문에 태블릿, 컴퓨터, 노트북에서도 동일한 스케줄을 확인할 수 있다.

스마트폰에서 즉시 캘린더 앱으로 일정 내역을 확인할 수 있다.

'High Risk, High Return'이라는 말이 있다. 큰 것을 얻으려면 위험을 감수해야 한다는 말이다. 얻으려면 그만큼 투자가 필요하다. 철저한 일정 관리라는 열매를 얻기 위해서는 언제, 어디서나 앞으로의 시간표를 확인할 수 있어야 하고 그러려면 평소 꼼꼼하게 기록 관리하는 투자를 필요로 한다. 앞으로의 일정 계획을 확인할 수 있어야 철저한 시간 관리의 습관이 몸에 익는다.

27

〰〰〰〰〰〰〰〰〰〰〰〰

내 모든 기억을
정돈해 주는 메모 앱

시간 관리를 효율적으로 하는 데 있어 여러 가지 습관이 중요하지만 열 손가락 안에 드는 중요한 것이 '메모의 기술'이다. 회의하다가, 강연을 듣다가, 뉴스를 보다가, 멍 때리다가 불현듯 떠오른 생각들, 아이디어들, 기가 막힌 문제 해결 방법은 반드시 메모해 두어야 한다. 절대 머리를 믿어서는 안 된다. 잊지 않도록 기록해 두어야 한다.

| 아이디어 메모와 생각 정리법 |

간 밤에 꾼 꿈을 아침에 일어나자마자 기억하는 경우가 종종 있다. 하지만 그 꿈은 하루가 지나면 우리 머릿속에서 사라진다. 엊그제 꾸었던 그 꿈에 대해 생각하려 하면 다시 기억하기가 쉽지 않다. 이미 잊었기 때문이다. 소중한 아이디어와 우연하게 들은 유익한 정보들도 마찬가지다. 이러한 정보들을 메모하고 기록하지 않으면 영영 그 값진 정보는 사라지기 마련이다.

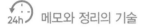 메모와 정리의 기술

시간을 효율적으로 관리하는 습관을 들이는 데 최고의 왕도는 메모와 정리의 기술이다. 메모의 기술은 결국 기록의 습관을 통해 얻을 수 있다. 언제, 어디서나 기록하는 습관에서 시간 관리는 시작된다. 기록한다는 것은 다시 한번 그 내용을 상기시키고 생각한다는 것을 뜻한다. 그러므로 기록과 함께 그 내용을 다시 한번 기억하고 뇌리에 각인하는 효과를 가져다준다. 이러한 과정을 통해서 지식이 쌓이게 된다. 그 지식은 일처리를 더욱 빨리 할 수 있도록 도와준다. 즉, 똑똑하고 스마트하게 만들어 주는 비료가 된다.

메모는 언제, 어디서나 할 수 있는 만반의 준비를 갖춰야 한다. 떠오르는 생각을 언제든 바로 기록할 수 있도록 메모지와 필기구를 주변에 배치해 둔다. 심지어 샤워 중에 떠오른 생각을 기록할 수 있도록 물기가 있어도 필기가 가능한 필기구를 배치하는 집요함도 필요하다. 잠을 자다가 갑자기 떠오른 생각을 기록할 수 있도록 머리맡에 필기구를 놓는 세심함도 필요하다.

메모는 닥치는 대로 기록하기

메모할 때는 그 어떤 규칙이나 법칙을 생각할 필요가 없다. 무조건 닥치는 대로 모든 것을 기록하면 된다. 중요한 것은 일상의 삶 속에 떠오른 모든 생각과 주변에서 들은 정보와 이야기에서 유의미하다 판단되는 것은 무조건 기록한다. 기록의 형태와 방식은 철저히 무시해도 된다. 이렇게 기록된 메모는 한곳에 보관을 한다. 메모해 둔 내용들은 한곳에 보관하고, 이곳에서 정리해야 한다. 정리할 때에 기록한 메모들을 분류하고, 통합하고, 폐기해야 한다. 즉, 기록할 때는 닥치는 대로 하고 나중에 이를 정리하면서 효율화를 거쳐야 한다.

 ## 메모 보관과 분류

메모들을 분류할 때는 메모의 속성별로 구분해서 정리해야 한다. 간단하게 인지만 하고 있어도 되는 메모라면 한 번 읽고 바로 폐기 처분한다. 하지만 별도로 저장해 두어야 한다면 메모의 특성별로 분류, 저장한다. 예를 들어, 해야 할 일이나 통계 자료이거나 아이디어 등에 따라 구분해 둔다. 또한 유사한 내용의 메모들은 축약해서 통합한다. 디지털 형태로 저장하기 어려운 필기한 메모라면 스캔해서 이미지 파일로 PC에 보관하거나 스크랩북을 만들어 분류해서 보관해 둔다.

| 인스턴트한 메모 기록법 |

가장 훌륭한 메모법은 즉각적으로 기록할 수 있는 툴을 이용하는 것이다. 대체로 작은 메모지와 필기구가 대표적일 것이다. 하지만 메모 관리의 유용성을 위해서는 종이보다는 디지털의 형태로 저장하는 것이 편리하다. PC 앞에 앉아 있다면 컴퓨터에 텍스트 파일의 형태로 메모를 기록하는 것이 좋다. 하지만 이동 중이나 PC가 없는 환경에서는 어떻게 해야 할까?

이때는 스마트폰을 이용해서 메모를 기록하는 것이 좋다. 이렇게 기록된 데이터들은 파일 형태로 저장되기 때문에 언제든 쉽게 검색해서 다시 찾아볼 수 있다. PC나 스마트폰을 이용한 메모 방법으로 여러 가지 툴들이 있다. 이러한 툴 중 개인의 업무 특성과 성향에 맞는 것을 선택해서 사용하도록 한다. 특히 스마트폰 앱과 PC, 태블릿 모두 연동되는 것을 이용하면 좋다.

24h 유용한 메모 유틸리티

애플 사용자라면 아이폰, 아이패드, 맥에서 모두 사용 가능한 메모 앱이 있으며, 삼성전자의 갤럭시 스마트폰에는 삼성노트 앱이 있다. 이들 앱을 이용하면 스마트폰과 PC 모두에서 동일한 메모를 작성하고 공유해서 사용할 수 있다. 애플의 아이클라우드와 삼성 클라우드를 이용해 PC나 스마트폰 모두에서 동기화해서 이용할 수 있는 것이다.

그 외에도 에버노트(https://evernote.com), MS의 원노트(https://www.onenote.com) 그리고 구글 킵(https://keep.google.com) 등이 메모를 스마트폰, PC 모두에서 사용할 수 있도록 해준다. 이들 앱을 이용하면 간단한 메모부터 시작해서 긴 글 그리고 촬영한 이미지와 영상, 음성 녹음 등 다양한 형태의 메시지를 기록할 수 있다.

구글 킵으로 정리한 메모

27 _ 내 모든 기억을 정돈해 주는 메모 앱

| 메모에서 인사이트 찾기 |

이렇게 기록해 둔 메모들은 들여다보지 않으면 무용지물이다. 기록한 메모는 그 어떤 전문지, 학술지, 뉴스 기사보다 소중한 자산이다. 내가 떠올린 생각은 언젠가 유용하게 사용될 수 있는 가치 있는 정보들이다. 간단한 아이디어에서 우연하게 입수한 소식, 경쟁사 동향과 각종 수치들은 꼼꼼하게 메모해 두고 이를 자꾸 반복해서 봐야만 한다. 또한 추후 필요한 정보를 검색할 때 유용하게 활용될 수 있다. 그런 이유로 메모는 가급적 디지털화해서 보관하는 것이 좋다.

보관한 메모들은 수시로 확인하는 것이 좋다. 기록된 메모를 보다 보면 더 발전된 아이디어가 도출되기도 하며, 좀 더 업무에 대해 깊이 있는 생각으로 발전시켜 나가게 된다. 특히 메모를 기록하고, 메모를 보는 것은 자투리 시간(이동 중이거나 누구를 기다릴 때)에 하면 시간을 보다 효율적으로 사용할 수 있다.

수시로 메모를 확인하는 가장 좋은 방법은 디지털로 보관한 메모를 어디서나 볼 수 있는 모바일 기기를 이용하는 것이다. 그런 모바일 기기로 스마트폰이 적합하다. PC를 사용하는 것과 사용하지 않는 것이 업무 생산성에 큰 차이를 준 것처럼 스마트폰과 같은 디지털 기기 역시 업무 생산성 향상에 실질적인 도움을 준다. PC와 동기화해서 PC에서 사용하던 콘텐츠들을 언제든지 이러한 모바일 기기에서 확인할 수 있다.

메모, 할 일과 일정 모두를 모바일로 관리하기

석기, 청동기, 철기 시대로 변화되면서 인간이 사용하는 도구 또한 바뀌었다. 지금은 디지털 시대로 PC와 스마트폰이 인간의 도구가 되었다. 이들 도구를 잘 사용하면 그만큼 생활과 업무가 윤택해진다. 특히 모바일 디지털 기기인 스마트폰은 업무 생산성에 큰 도움을 준다.

구글 캘린더에서 관리하는 일정, 할 일, 메모

27 _ 내 모든 기억을 정돈해 주는 메모 앱

메모, 할 일, 일정 이 세 가지는 시간 관리를 효율화하는 데 가장 핵심적인 3대 요소이다. 이 세 가지를 한번에 관리해 주는 유틸리티가 바로 구글이다. 구글에서 제공하는 구글 캘린더(Google calendar), 구글 태스크(Google tasks), 구글 킵(Google keep) 이 세 가지는 구글 캘린더 웹 사이트에서 한번에 이용 가능하다. 스마트폰에서도 이들 앱을 이용할 수 있어 PC나 맥, 스마트폰, 태블릿 어디서든 일관되게 사용할 수 있어 편리하다.

28

나만의 디지털 저장소, 디지털 스크랩북

신문이나 잡지에서 중요한 글이나 사진을 오려서 보관하는 것을 '스크랩'이라고 하며, 이를 하나의 책처럼 만든 것이 '스크랩북'이다. 요즘 같은 디지털 시대에 스크랩북은 사라졌지만 그 필요성은 여전하다. 정보의 홍수 시대에 살다 보니 오히려 더 디지털 스크랩북의 필요성은 커졌다. 인터넷에서 발견한 유용한 기사나 블로그의 글 같은 것들은 스크랩해 두면 나중에 요긴하게 활용할 수 있다.

| 디지털 스크랩으로 업무 속도 단축하기 |

우연히 인터넷에서 발견한 유익한 기사, 정보를 검색하다 찾게 된 자료들은 대개 나중에 읽어야지 생각하고 북마크를 해 두는 경우가 일반적이다. 혹은 읽은

후에 잘 기억해 둬야지 생각만 하고 실제 저장해 두진 않는다. 그런데 그렇게 중요하다고 생각한 자료들은 나중에 꼭 필요로 하게 되는 것이 사실이다. 그렇기에 평소에 유익하다고 판단되는 자료들은 틈틈이 스크랩해 두어야 나중에 필요할 때 빨리 찾을 수 있다. 특히 내가 중요하다고 생각한 자료에서 정보를 찾는 것이니 일반 검색 엔진에서 찾는 것보다 더 유익하다.

🕛 한 번 본 콘텐츠는 안 본 것보다 유용하다

디지털 시대에 스크랩은 더 중요해졌다. 정보의 홍수에 살기 때문에 너무 많은 정보로 인하여 정작 내게 맞는 정보를 찾기가 어려워졌기 때문이다. 차라리 정보가 적으면 유익한 정보를 많이 얻을 수는 없지만 내게 맞는 소수 정예의 정보만을 추스르기엔 좋다. 하지만 정보의 양이 많아지면 너무 많은 정보로 내게 맞는 정보를 추스르기가 쉽지 않다. 그러므로 한 번 발견한 내게 맞는 정보는 반드시 스크랩해 두어야 한다. 아침에 출근해 뉴스 기사를 읽다가 블로그 글을 읽다가 유용하다고 생각한 콘텐츠는 그때마다 기록해 두어야 한다. 한 번 스크랩해 둔 콘텐츠도 그 양이 많아지면 원하는 것을 찾아내기 쉽지 않다. 이때 검색을 이용하면 내가 스크랩한 콘텐츠만을 범주로 콘텐츠를 찾을 수 있다. 즉, 스크랩도 디지털 시대에 맞게 디지털 파일로 스크랩해 두어야 한다. 이렇게 스크랩한 콘텐츠는 평생 나만을 위한 지식 저장소 역할을 해낼 수 있을 것이다.

물론 이렇게 하기 위해서는 스크랩할 콘텐츠들이 모두 인터넷에서 제공되는 것이어야 한다. 웹 서핑을 하면서 발견한 콘텐츠들을 디지털 지식 저장소에 차곡차곡 분류해서 저장해 두어야 한다. 하지만 유용한 기사를 디지털만으로 접할 수 있는 것은 아니니 종이 신문이나 책, 잡지 등의 경우에는 복합기나 스마트폰으로 스캔해서 PC에 파일로 저장하거나 복사 등을 해서 스크랩북에 오려서 보관하는 것도 좋다.

| 메일을 이용한 스크랩 |

스크랩을 효과적으로 하는 방법은 이메일을 이용하는 것이다. 웹 메일함을 스크랩 저장소로 활용하면 쉽게 웹 페이지를 저장할 수 있는 것은 물론 필요로 할 때 빠르게 검색할 수 있다. 게다가 메일 스크랩은 별도의 프로그램을 이용하지 않고도 손쉽게 사용할 수 있다.

 메일 스크랩 방법

메일을 이용한 스크랩은 사용법이 간단하다. 웹에서 스크랩할 본문을 드래그해서 선택한 후에 복사해 나 자신에게 메일로 보내면 된다. 스크랩할 페이지의 영역을 마우스로 드래그해서 선택한다. 이후

Ctrl + C 를 이용해서 복사한다. 웹 메일의 내 계정에서 '내 자신에게' 편지를 쓴다. 제목에 스크랩할 내용을 요약하는 주제어를 기입하고, 본문에 Ctrl + V 를 이용해 스크랩한 내용을 복사한다.

이렇게 메일함을 내가 저장한 지식 저장소로 활용한다. 메일함에 저장된 콘텐츠는 메일 검색을 이용해서 내가 원하는 것만을 언제든 쉽고 빠르게 찾아낼 수 있다. 메일함에 내가 선택한 콘텐츠들을 스크랩하는 것은 최소 1년은 지속해야만 한다. 3~4개월 아니 6~7개월 가지고는 지식의 보고가 되기에 양적으로 턱없이 부족하다. 수년을 지속해 가다 보면 메일함에 쌓인 콘텐츠가 쌓이면서 내 머릿속의 지식도 함께 쌓이게 될 것이다.

| 북마크를 이용한 정보 스크랩 |

메일을 이용한 스크랩은 시간이 오래 걸린다는 단점이 있지만 중요한 콘텐츠를 영원토록 보관하는 가장 훌륭한 방법이다. 만일 좀 더 가볍고 빠르게 콘텐츠를 스크랩하고 싶다면 인터넷 북마크 사이트를 이용하는 것도 방법이다.

 포켓과 크롬 확장 프로그램의 활용

포켓(https://getpocket.com)이라는 서비스는 브라우저에서 연 페이

지를 손쉽게 보관할 수 있도록 해준다. 보관 방법도 간단하다.

포켓을 이용한 손쉬운 스크랩

❶ 웹 브라우저에 포켓 확장 프로그램을 설치한다.

❷ 이후 웹 브라우저에서 스크랩하고자 하는 웹 페이지에 연결한다.

❸ 상단 메뉴바에 포켓 버튼 아이콘을 클릭하면 자동으로 현재 열린 페이지의 본
문 전체가 고스란히 포켓 사이트에 저장된다.

❹ 저장된 포켓 사이트 내의 정보는 태블릿이나 스마트폰에 포켓 앱을 설치해서
볼 수 있고, 웹 사이트를 통해서도 탐색할 수 있다.

에버노트를 이용한 기사 저장법

에버노트를 이용한다면 비슷한 방법으로 스크랩이 가능하다. 브라우저에 에버노트 웹 클리퍼를 확장 프로그램으로 설치하고, 브라우저에서 스크랩할 페이지에 연결 후 브라우저의 메뉴바에 있는 에버노트 버튼을 클릭하면 에버노트에 열린 페이지가 보관된다. 에버노트 앱이나 웹 사이트를 통해서 저장한 페이지 내역을 살펴볼 수 있다.

에버노트 클리퍼를 이용한 스크랩

29

〰〰〰〰〰〰〰〰〰〰

효율적인 정보 검색법

무에서 유를 창조하는 모든 기획, 개발 업무의 시작은 자료 수집에서 시작한다. 분석을 하거나 아이디어를 도출하려면 먼저 경쟁사에 대한 벤치마킹이나 소비자 조사, SWOT 분석이 필요하다. 이 모든 것의 시작은 관련된 자료를 찾아 정리하는 것부터다. 그래서 정보 검색이 중요하다. 인터넷과 디지털이 업무 생산성의 향상에 기여한 것은 이러한 자료 수집과 검색에 들어가는 시간을 줄여 주었다는 점이다.

| 데이터, 지식, 지혜와 업무 속도 |

세상에는 많은 정보(information) 들이 데이터로 산재해 있다. 그 데이터들은 내가 알아주든, 알아주지 않든 항상 사실(Fact)로서 존재한다. 하지만 그 데이터들이 모두 내게 도움이 되는 것은 아니다. 수많은 사실을 찾아 내 데이터로 분류

(Database)를 해서 내 정보(Information)로 만들어야 그것이 내 지식 (Knowledge)으로 축적된다. 그렇게 쌓인 지식은 경험 속에서 생각과 고찰을 하면서 지혜로 숙성된다. 그 지혜가 쌓이고 쌓여서 통찰력 (Insights)이 되는 것이다.

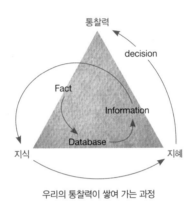

우리의 통찰력이 쌓여 가는 과정

업무를 남들보다 빠르게 한다는 것은 데이터 검색이 빠르고 지식과 지혜가 깊고 넓어 빠른 의사 결정을 할 수 있는 통찰력이라는 역량을 갖추고 있다는 것을 의미한다. 업무 속도를 단축하고 개선하는 것은 학습과 교육, 경험을 통해서 지식과 지혜를 쌓아가는 것이 중요하지만 시간이 소요된다. 반면 데이터 검색은 간단한 기술을 아는 것만으로도 시간을 단축할 수 있다. 원하는 정보를 얻기 위한 데이터 검색의 시간을 단축하면 그만큼 업무 속도는 단축된다.

모든 프로젝트의 첫 시작은 자료를 수집해서 우리와 경쟁자의 현황 그리고 시장과 소비자 트렌드 등을 분석하는 것에서 시작한다. 그러므로 데이터를 검색하여 원하는 자료를 수집하는 것이 업무의 첫 시작이다. 인터넷 이전에는 자료 수집을 위해 신문, 잡지, 방송 자료와 논문, 책 등의 다양한 기록을 이용해야 했다. 하지만 인터넷과 디지털의 보급으로 인해 이 같은 정보를 좀 더 빠르고 쉽게 찾아볼 수 있게 되었다. 원하는 데이터를 찾는 다양한 인터넷 검색 방법에 대해 숙지하는 것은 데이터 수집에 들어가는 시간을 단축해 실제 업무 시간을 효율적으로 활용하는 데 큰 도움을 준다.

| 구글의 고급 검색 기능의 활용 |

구글은 전 세계의 웹 페이지를 대상으로 검색을 수행해 주는 데다 불필요한 광고 없이 검색 결과물에만 집중해서 볼 수 있도록 최적화된 검색 서비스이다. 그러다 보니 특히 비즈니스 목적으로 검색할 때 유용하다. 사용법도 간단하다. 만일 국내 이커머스 시장의 2020년 연간 규모를 검색하려면 어떻게 하는 것이 좋을까? 주요 키워드로 '국내 이커머스 2020년 시장 규모'라고 검색하면 결과물이 나온다. 또 검색 결과물을 뉴스, 도서, 이미지, 동영상 등으로 구분해서 볼 수 있다. 그 외에도 구글의 다양한 고급 검색 기능을 활용하면 보다 정밀한, 정확한 검색이 가능하다.

271

구글 검색에서 검색어 입력창 오른쪽 아래의 '도구'를 클릭하면 '모든 언어', '모든 날짜', '모든 결과' 메뉴가 나타난다. '모든 언어'를 이용하면 특정한 언어로만 대상을 한정해서 검색할 수 있다. 일례로 중국어나 일어, 영어 등을 특정화해서 검색할 수 있다. 검색어가 영어로 된 것이라면 '한국어 웹'으로 설정해서 한글로 된 페이지만을 검색할 수 있다. 즉, 'DDDM'이라는 키워드로 검색하면 주로 영어로 된 페이지가 검색되는데 '한국어'로 설정하면 한글 페이지만 범주로 검색할 수 있다.

무엇보다 유용한 것은 '모든 날짜' 메뉴를 이용해 시간순으로 검색 결과를 정렬할 수 있는 기능이다. 이 메뉴를 이용하면 검색 결과를 1시간, 1일, 1주, 1개월, 1년 등으로 최근에 생성된 순으로 정렬할 수 있다. 또 '기간 설정' 메뉴를 이용해 시작일과 종료일을 지정해서 특정 기간 동안 생성된 페이지를 대상으로 한정해 검색하는 것도 가능하다.

앞서 검색해 본 국내 이커머스 시장 규모에 대한 결과를 보다 정확하게 찾아보려면 뉴스 기사에 한정해서 1개월 이내에 작성된 것으로 범주를 좁히면 신뢰도가 높아질 수 있다.

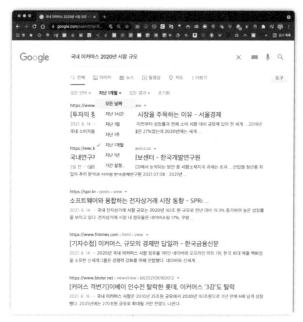

1개월로 제한해 검색한 구글 검색 결과물

 연산자를 활용한 검색 팁

　검색어를 입력할 때 '검색어 site:사이트 주소'를 사용하면 특정 사이트 내에 수록된 페이지만을 대상으로 정보를 찾아준다. 특정한 블로그나 뉴스 사이트 등에 수록된 정보만을 대상으로 검색할 때 유용하다. 일례로 'dddm site:brunch.co.kr'로 검색하면 브런치 사이트만을 대상으로 'dddm'이라는 단어가 들어간 페이지를 검색할 수 있다.

특정 사이트만을 대상으로 검색할 수 있는 구글의 기능

또 비즈니스나 학술 자료들은 웹에 그대로 공개되어 있기보다는 문서 파일의 형태로 저장되는 경우가 많다. 특히 사업계획서나 전략안, 기획안 및 강연 자료 등은 PDF, PPT, DOC 등의 파일로 작성된 문서 중에는 웹 문서로 공개된 것보다 전문적이고 양질의 것들이 많다. 이렇게 파일의 형태로 제공되는 문서는 어떻게 찾을 수 있을까? 검색어 입력창에 '금융 디지털 트랜스포메이션 filetype:pdf'로 검색하면 이 키워드가 들어간 PDF 문서만을 찾아준다. 이렇게 파일 검색 기능을 이용하면 특정한 확장자를 가진 파일만을 대상으로 검색이 가능하다. 게다가 문서 내 포함된 내용을 범주로 검색하기 때문에 특정한 주제에 대한 문서 파일을 쉽게 검색할 수 있다.

PDF 문서만을 찾아주는 구글 검색

 이미지 검색의 재발견

사실 내가 가장 많이 애용하는 구글 검색 기능은 이미지 검색이다. '블록체인 개념도', 'MZ세대 성향' 등을 구글 검색어 입력창에 넣은 후 하단의 '이미지'를 누르면 이 단어가 들어간 페이지 내의 이미지만을 보여 준다. 글보다 이미지로 페이지에 담긴 내용을 훨씬 더 직관적

275

으로 상징적으로 압축해서 볼 수 있다.

무엇보다 이미지 검색의 최대 장점은 특정 이미지 결과를 클릭하면 오른쪽에 해당 페이지의 제목과 출처가 보이면서 그 아래에 이 이미지와 연관된 다른 이미지들이 추천된다는 것이다. 이 과정을 통해서 검색어만으로는 만나 보기 어려운 다양한 새로운 페이지들을 찾아 볼 수 있다.

구글의 이미지 검색

특히, PPT 문서 작성시에 유용하게 활용할 수 있는 다이어그램이나 이미지를 찾는 데도 유용하다. 'SWOT png'라는 단어로 검색하면 비즈니스 전략 다이어그램으로 유명한 SWOT 분석 관련 이미지들을 검색할 수 있는데, 이미지 중에서도 확장자가 PNG인 파일만 찾아준다. PNG 파일은 이미지 뒷배경이 투명하기 때문에 JPG 등의 그림 파일과는 다르게 문자나 다른 이미지, 도표 등과 겹쳐서 구성할 때 잘 어울린다.

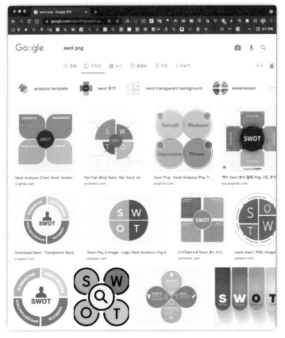

파워포인트에서 사용하기 좋은 투명한 이미지 파일 검색

29 _ 효율적인 정보 검색법

또한 구글 이미지 검색은 이미지 파일을 업로드해서 같은 이미지를 찾아 주기도 한다. 구글 이미지 검색 메뉴의 오른쪽에 카메라 모양의 아이콘을 클릭하면 컴퓨터에 저장된 이미지 파일을 업로드해서 그와 같은 이미지를 인터넷 상에서 찾아 준다. 혹은 웹브라우저에서 특정 이미지의 URL을 복사해서 찾을 수도 있다. '이미지 URL 붙여넣기'를 이용하면 된다. 크롬 등의 웹 브라우저에서는 이미지에 마우스를 가져간 후 오른쪽 버튼을 클릭하면 'Google에서 이미지 검색' 메뉴가 나타나는데 이것을 이용해 즉시 검색하는 것도 가능하다.

이렇게 해서 찾은 이미지 검색 결과에서 '모든 크기'를 누르면 해당 이미지와 같은 이미지가 포함된 모든 웹페이지를 찾을 수 있다. 이때, 맨 왼쪽 위에 있는 페이지가 가장 큰 이미지가 저장된 곳으로 주로 해당 이미지가 저장된 최초 원본 출처일 가능성이 높다. 이런 방법으로 이미지의 출처와 인용한 페이지들 목록을 확인해 볼 수 있다. 또 이미지 검색 결과 페이지의 중간에 '유사한 이미지'에서는 해당 이미지와 비슷한 다른 이미지들을 확인할 수도 있다.

| 시기적절한 검색 서비스의 활용 |

데이터를 찾는 데 검색 엔진 외에 유용한 검색 서비스들이 많다. 대표적인 동영상 검색 서비스인

유튜브(www.youtube.com)가 있다. 유튜브에서 '블록체인 세미나', '블록체인 컨퍼런스' 등으로 검색하면 세계적으로 유명한 각종 분야별 컨퍼런스는 물론 주요 대학의 강연 자료를 동영상으로 볼 수 있다. 또한 슬라이드셰어(http://www.slideshare.net)라는 사이트에서는 각종 발표 자료들을 WWW에서 바로 볼 수 있도록 해준다. 이러한 자료들은 데이터 확보는 물론 특정 전문 분야에 대한 통찰력을 키울 수 있도록 해 준다.

그 외에 통계청에서 운영하는 STAT-KOREA(www.stat.go.kr)에서는 한국의 주요 통계 정보를 확인할 수 있다. 이를 통해서 대한민국의 인구, 가구, 노동, 기후, 사업, 금융, 교통, 복지 등 다양한 방면의 공식적인 자료들을 취합할 수 있다. 인터넷 사이트에 대한 사용량과 추이를 분석해 주는 사이트도 유용하다. 랭키닷컴(www.rankey.com), 코리안클릭(www.koreanclick.com) 등의 인터넷 통계 사이트는 연, 월, 주, 일별로 자세하게 국내 인터넷 사이트의 트래픽을 파악할 수 있도록 해 준다.

신문사의 뉴스 사이트나 리서치 전문 기업(www.pollever.com) 등을 통해서 기존에 조사된 리서치 자료를 참고하는 것도 유용하다. 하루에 쏟아지는 신문, 잡지 기사의 양은 실로 엄청나다. 수십 명의 기자들이 하루 수십 건의 기사를 생산해 내는 신문은 기획안의 기초 자료로 손색이 없다. 게다가 이들 기사에는 각종 통계 자료를 인용하여 의미 있는 수치와 사실이 수록되어 있어 통계 데이터에서 행간의 숨은 뜻을 찾아내 제시해 준다. 그런데 포털의 검색 엔진에서는 신문 기사 중 최근의 것만 검색되며 일부 데이터는 제대로 검색되지 않을 수 있다. 그러므로 신문사 홈페이지에서 기사 검색을 하는 것이 좀 더 효과적이다.

해외의 학술 자료와 특허와 같은 기술 문서 그리고 논문 등도 유용한 데이터들이다. 논문, 특허 등은 구글이나 다음, 네이버와 같은 검색 엔진에서 키워드를 넣을 때에 논문 또는 특허와 함께 기록하면 해당 자료를 쉽게 검색할 수 있다. 한국학술정보 사이트(www.kstudy.com)는 각종 학위 논문과 연구 논문 등 80만 편의 자료 검색이 가능하다. 국립중앙도서관(www.nl.go.kr)도 논문과 도서 검색이 가능하며, 자료가 보관된 위치를 확인해서 도서관에서 열람할 수 있다.

| 공시 정보에서 시장 환경에 대한 최신 정보를 입수 |

시장의 동향을 파악하는 데 기업의 보도 자료와 공시만큼 정확한 것은 없다. 경쟁사의 매출과 새로운 사업, 서비스에 대한 소식은 시장의 환경을 파악하고 진단하는 데 정확한 자료가 된다. 특히, 기업의 정보를 공식적으로 대외에 공지하는 공시는 거짓된 정보를 말할 수 없기 때문에 정확하게 분석하는 데 확실한 자료가 될 수 있다.

상장을 한 회사라면 기업의 주요 변동 사항과 매출, 이익 등의 기업 운영과 관련된 사항에 대해 주주들에게 보고할 의무가 있다. 이러한 사항들은 전자 공시 시스템을 통해 누구에게나 공개된다. 기업 공시는 사실이 수록되므로 특정한 회사에 대한 상세한 분석을 할 때 유용하다. 특정 기업에 대한 벤치마킹을 하고자 한다면 기업 공시에서 밝힌 자료들은 필히 확인을 해야 한다. 회사의 분기별 매출 내역은 물론 손익과 비용, 직원수에 대한 상세 내역을 알 수 있다. 이 같은 기업 공시는 산업의 규모와 시장 추이를 파악하는 데도 도움이 된다. 작년 한 해의 음료수 시장의 매출 추이와 산업 동향을 파악하는 가장 좋은 방법은 무엇일까? 바로 음료수 관련 기업의 사업 보고서를 보면 된다. 이 보고서에는 산업의 동향은 물론 작년 한 해 동안 판매된 음료수 종류별 매출 규모와 분포 그리고 원자재의 비용 등에 대한 자세한 정보가 제공된다.

'적을 알고 나를 알면 백전백승'이라는 말이 있듯이 경쟁에서 이기기 위해서는 적에 대해 제대로 파악하는 것이 필요하다. 새로운 상품을 기획하고 효율적인 전략과 마케팅을 고민하는 것은 경쟁자와 싸워 이겨서 시장 점유율을 높이기 위함이다. 이때 상대를 분석하는 데 실질적으로 가장 확실한 정보는 기업 공시를 통해 발표된 경쟁사의 실적과 주요 이슈들이다. 이들 정보에 기초해서 경쟁사에 대한 재무 정보와 인력 현황 그리고 최근 실적과 회사의 이슈에 대한 기본 정보를 파악할 수 있다.

기업 공시에는 기업 임원진에 대한 명단과 전체 직원의 수 그리고 평균 연봉 내역과 평균 근속 연수가 발표된다. 게다가 생산과 설비에 대한 사항은 물론 신상품 개발 내역과 주요 계약 정보가 수록되어 있다. 한마디로 기업의 경영 내역이 속속들이 수록되어 있다. 이러한 자료들을 통해서 기업의 상황은 물론 해당 산업 전체의 시장 규모와 산업의 추이를 예상할 수 있다. 경쟁사의 기업 공시는 분기별로 확인 하면서 매출 내역과 비용, 주요 상품 내역에 대해 기록하고 그 추이 에 대해 분석하는 것이 좋다.

 기업 공시 검색

기업 공시만을 전문적으로 검색할 수 있는 사이트로 전자공시시스 템(http://dart.fss.or.kr)이 있다. 이 사이트를 이용해 상장한 기업의 상 세한 기업 정보를 확인할 수 있다. 직원수와 매출 추이, 영업 이익은 물론 사업 계획과 최근의 기업 현황 등을 자세하게 파악할 수 있다. 제품을 만들고 판매하는 것 못지않게 기업의 비전과 제품 그리고 브 랜드에 대해 마케팅하는 것도 중요하다. 특히 광고나 이벤트를 하지 않고 언론과 방송 등의 매스 미디어를 이용한 기업 PR은 고도의 전 략과 스토리텔링을 요구한다. 사실 별도의 비용을 들이지 않고 신문 기사나 방송을 통해서 기업의 브랜드와 상품을 알리는 것은 일반 광 고와 달리 주목도가 높아 PR 효과가 뛰어나다. 그래서 기업은 홍보 팀 등을 두어 기업을 PR하기 위한 보도 자료를 만들어 기자들에게

배포한다.

이러한 보도 자료는 기본적으로 기업을 PR하기 위해 다소 과장되기도 하지만 거짓을 말할 순 없다. 즉, 사실에 기초를 해서 기자들에게 제공된다. 그러므로 기업의 보도 자료를 통해 해당 기업의 현재 주요 이슈와 동향을 파악할 수 있다. 보도 자료를 만들면서까지 기업이 PR을 한다는 것은 그만큼 해당 이슈에 대해 기업이 주력하고 신경 쓴다는 것을 뜻한다. 또한 그 보도 자료에 인용된 각종 수치와 데이터들을 통해서 해당 기업에 대한 좀 더 정확한 정보를 파악할 수도 있다. 보도 자료는 기업의 홈페이지에서 확인하거나 뉴스와이어(http://www.newswire.co.kr)를 통해 주요 기업별, 산업별 보도 자료 내역의 확인이 가능하다.

 보도 자료를 통한 정보 확인

각 기업 홈페이지에는 기업의 최근 주요 이슈를 알리는 보도 자료와 공지 사항 등이 제공된다. 이 같은 보도 자료에는 기업이 어떤 상품을 출시했고, 어떤 마케팅을 하고 있는지 상세하게 알 수 있다. 이런 자료는 기업을 PR하기 위한 목적으로 기자들에게 제공하는 기사 소재이지만, 경쟁사에게는 유용한 정보가 될 수 있다. 경쟁사의 최근 동향 파악을 위해서는 이 같은 보도 자료를 자세하게 들여다볼 필요가 있다. 데이터를 찾는 시간을 줄일 수 있는 것은 물론 업무 역량과 지식이 축적되어 보다 훌륭한 인사이트를 가질 수 있게 된다. 그런 인사이트는 업무 시간을 단축하는 데 도움을 준다.

29 _ 효율적인 정보 검색법

30

〰〰〰〰〰〰〰〰〰〰〰

업무 협업을 도와주는 SW

마지막으로 내가 실제 업무를 보는 데 가장 많이 애용하는 협업툴을 소개한다. 회사 생활과 프리랜서 활동을 하면서 하루에도 여러 번 사용하는 툴들이다. 이들 툴을 자유자재로 활용하게 되면 업무의 생산성이 개선되고 시간이 크게 단축된다.

| 드롭박스와 대용량 첨부 파일 |

모든 사람이 다 비슷한 환경일 리는 없지만 대개 3대가량의 컴퓨팅 기기를 이용하는 것이 이 시대의 직장인일 것이다. 회사에서 지급한 노트북, 집에서 사용하는 컴퓨터 그리고 개인적으로 이용하는 스마트폰이 현대인이 주로 이용하는 디지털 기기들이다. 여기에 조금 더 사무 업무, ICT 관련 일을 하는 사람이라면 데스크탑 1대와 태블릿을 추가로 이용하는 경우가 있을 것이다. 내 경우에는 이보다 훨씬 많은 컴퓨터들을 이용한다. 윈도가 탑재된 노트북 2대와 데스크탑 1대 그리고 회사와 집에 아이맥 각각 1대 그리고 맥북 프로와 아이패드 5대 가량, 스마트폰이 현재 이용 중인 기기들이다.

이렇게 디지털 기기가 3대 이상이 되는 경우, 각 기기들에 저장된 파일들을 각기 따로 관리하면 여간 복잡한 것이 아니다. 이때 유용한 것은 디지털 기기별로 같은 파일을 공유할 수 있도록 해 주는 클라우드 서비스를 이용하는 것이다. 드롭박스, 구글 드라이브, MS 원드라이브, 네이버 MYBOX 등이 그것이다. 이들 서비스를 컴퓨터, 노트북, 맥 그리고 태블릿과 스마트폰에 설치하면 동일한 파일을 각각의 디바이스에서 이용할 수 있다. 늘 같은 파일을 동기화해서 이용할수 있어 편리하다. 회사에서 작성 중인 문서도 노트북에서 바로 열어서 확인하고, 집에서 해당 파일을 참고할 수 있고, 다시 아이패드에서 문서를 열고 수정하면 이 모든 디지털 기기에 적용된다.

또 작업이 완료된 문서를 상대에게 전송할 때에 클라우드에 저장된 파일을 다운로드할 수 있는 URL을 복사해서 이메일이나 카카오톡 등으로 바로 보낼 수도 있다. 만일 파일을 전송할 때 이 같은 클라우드를 이용하기 어려운 환경이라면 웹하드(https://www.webhard.co.kr)나 한메일, 네이버메일 등에서 제공되는 대용량 첨부 파일을 이용하는 것이 대안이다. 특히 웹메일의 대용량 첨부 파일을 이용하면 별도의 비용을 지불하지 않고도 1GB 이상의 대용량 파일도 쉽게 전송할 수 있다.

| 최고의 문서 협업툴, 구글 독스와 오피스365 |

회사에서 문서를 편집하는 과정을 생각해 보면, 각자가 문서의 영역을 분할해서 맡고 여러 번의 회의를 하면서 각자가 작성 중인 문서를 공유한다. 그런데 문제는 문서를 공유하는 과정이다. 4명이 문서 작성에 참여하고 팀장에게 보고를 해야 한다고 하면 상당히 여러 번 이메일을 주고받는 것은 물론 문서 파일을 공유하면서 업데이트된 내용을 확인하고 문서 취합을 해야 한다. 문서를 취합하는 과정에 각자가 업데이트한 내용이 반영되지 않으면 일일이 확인해서 보완해야 하는 번거로움까지 있다. 각자 같은 문서의 서로 다른 영역을 맡아 서로 다른 파일로 문서를 작성하다 보니 발생되는 문제이다.

이때 훌륭한 대안이 구글 독스, 오피스365의 공동 문서 편집 기능이다. 특히 구글 독스는 웹 브라우저를 이용해 웹에서 문서를 확인하고 편집하기 때문에 별도로 컴퓨터에 파일을 각자 저장할 필요가 없다. 각자가 수정한 내용은 그 즉시 구글 독스의 클라우드에 반영되어 공동 작업 중인 모두에게 보인다. 또 최근 누가 언제 마지막으로 문서를 수정했는지도 즉각 확인할 수 있고 기존에 각자가 수정한 모든 내역을 상세하게 확인할 수 있다. 즉, 각 페이지별로 누가 어떤 항목을 언제 어떻게 바꾸었는지 살펴볼 수 있다.

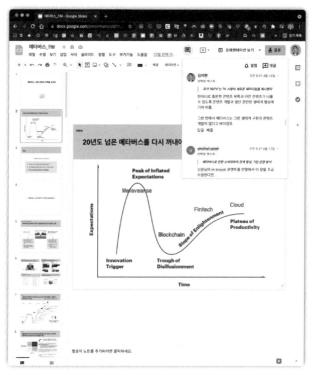

구글 독스의 유용한 협업 기능

심지어 문서 작성을 하면서 문서 내의 특정 페이지 내 특정 영역에 댓글을 달 수 있다. 이렇게 댓글을 달면서 특정인에게 질문을 할 수도 있고, 문서 내용의 변경이나 추가 보완을 요청할 수 있다. 한마디로 문서를 보고받을 팀장도 문서 작성 중에 수시로 구글 독스에 들어와서 확인하고 검토, 지시를 할 수 있다는 것이다. 문서를 중심으로 온라인으로 댓글 기반의 토의가 가능하다. 또한 채팅창을 열어 문서에 모두 연결한 상태에서 회의를 하는 것도 가능하다. 그만큼 문

30 _ 업무 협업을 도와주는 SW

서를 중심으로 온라인 회의와 협업이 가능하다는 점이 가장 유용한 점이다. 오피스365도 그러한 기능이 지원된다.

이렇게 문서 중심으로 공동 편집과 협업이 가능해 훨씬 더 생산적인 문서 작업과 검토, 보고가 가능해진다. 실제 나는 2명 이상의 공동 보고서 작성은 구글 독스를 이용해서 수행하는데 기존의 방식보다 훨씬 효율적이다. 즉, 3번 할 회의는 1번으로 줄고, 1시간 할 회의는 10분으로 줄어든다. 보고서의 질은 2배 이상은 더 좋아진다. 굳이 회의를 오래 자주 하지 않아도 수시로 문서 작성 중인 구글 독스에 들어가 검토하고 댓글로 피드백을 줄 수 있기 때문에 비효율적 시간이 단축된다. 즉, 특정 영역에 대상자를 지정해 즉시 피드백을 남길 수 있어 불필요한 자료의 확인이나 이상한 방향으로 보고서가 흐르지 않도록 관리할 수 있어 생산성이 더 높아지는 것이다.

또 에버노트도 작성 중인 그리고 작업을 완료한 문서를 공유하는 데 유용하다. 에버노트는 구글 독스나 오피스365처럼 다양한 편집과 포장이 가능한 오피스 프로그램은 아니지만 텍스트 중심의 워드 프로세서로 내용을 전달하기에는 부족함이 없다. 내 경우 책 집필이나 원고 기고 그리고 회의록이나 참고할 자료 정리를 에버노트를 이용해서 한다. 주로 혼자 작업하는 문서 작성은 에버노트를 이용한다. 이렇게 에버노트로 작업 중인 문서나 완료된 문서를 공유 링크를 만들어 공유할 사람들에게 이메일로 전송해 준다. 그러면 현재 작업 중인 문서의 진척도와 완료된 문서를 쉽게 공유할 수 있다. 진행 중인 문서를 파일로 전송하는 것보다 이렇게 에버노트 페이지로 공유해 주면 굳이 매번 알려주지 않아도 수시로 원고의 진척도를 확인할 수 있어 편리하다. 또한 원고 마감일 전에 예약 메일 기능을 이용해 에 버노트에 작성 중인 페이지를 미리 공유해 두기 때문에 메일 발송에 대한 데드라인이 명확히 명시화되어 책임감을 가지고 원고 작성이 가능하다. 또 원고 작성이 끝났어도 메일 발송이 되기 전까지는 수 시로 원고 보완이 가능하기 때문에 원고의 완성도를 계속 높이기에 좋다.

| 화상 회의를 위한 준비 도구들 |

코로나19 이후 화상 회의는 이 제 자연스러운 기본 회의 방식이 되었다. 화상 회의를 보다 잘 하려 면 역시나 도구의 힘을 빌려야 한다. 가장 좋은 화상 회의를 위한 환 경은 두 가지이다. 하나는 모니터를 하나 더 준비하는 것이고, 다른 하나는 화질 좋고 각도와 위치를 조정할 수 있는 PC 카메라이다.

모니터가 한 대 더 있으면 듀얼 모니터를 구성할 수 있다. 듀얼 모 니터가 있으면 화상 회의를 할 때, 한 모니터에서는 참석자 전원의 얼굴을 띄울 수 있고, 다른 화면에서는 참고할 보고 문서를 띄울 수 있어 편리하다. 특히 내가 발표를 해야 한다면 한 모니터에 자료를 띄워 두고 화면을 공유 설정해 둔 채, 다른 모니터로는 참석자들의 표정과 반응을 살필 수 있다. PC 카메라는 노트북이나 모니터에 내장된 것보다 더 자유롭게 위치와 각도를 조절할 수 있고 화질도 더 좋기 때문에 상대 참석자들에게 보다 선명한 내 모습을 보여줄 수 있다.

최적의 화상 회의를 위한 컴퓨팅 환경

거기에 좀 더 여유가 된다면 전용 마이크를 장만하는 것도 좋다. 특히 노트북을 이용하는 경우에는 노트북의 키보드 자판을 두드리거나 마우스를 클릭하는 소리 등이 노트북 마이크를 경유해 참석자들에게 전달되므로 내가 발표를 하거나 발언을 할 때 노이즈가 생길 수 있다. 그러므로 전용 마이크를 이용하면 편하다. 콘덴서 마이크를 컴퓨터나 태블릿 등에 연결해서 사용하면 보다 음질 저하 없이 음성을 송신할 수 있다. 혹은 유선 이어폰이나 무선 이어폰을 이용하는 것도 좋다. 컴퓨터에 내장된 마이크보다는 이런 개별적인 마이크를 이용하는 것이 좋다.

또한 미니 녹음 흡음재나 팝필터를 이용하면 회의시에 목소리의 울림이나 외부의 소음을 부분 차단할 수 있다. 아이가 있거나 주변 소음이 심한 경우, 방이 작아 울림이 심할 때에는 이 같은 팝필터가 큰 도움이 된다.

소리 울림과 소음을 부분 줄여 주는 팝필터

30 _ 업무 협업을 도와주는 SW

슬랙을 통한 온택트 워크

| 슬랙, 노션, 팀즈 끝없는 협업툴의 진화 |

내가 하루에도 10여 번 이상 사용하는 업무 협업툴은 슬랙이다. 회사에서 같이 프로젝트를 진행하는 동료들과 애용하는 툴이다. 프로젝트가 새로 시작되면 가장 먼저 하는 것이 슬랙에 채널을 만드는 것이다. 슬랙을 이용하면 함께 일하는 동료들과 정보를 공유하고 참고할 만한 자료를 올려 서로의 의견과 생각을 듣기 편하다. 프로젝트와 관련해서 도움이 될 만한 각종 인터넷 상의 뉴스 기사와 자료 그리고 사내외의 인터뷰 결과 등 다양한 정보들을 올려놓고 서로의 의견과 생각을 나눌 수 있다. 무엇보다 프로젝트 참여자 모두가 동일한 생각과 공감대를 형성하는 데 도움이 된다. 굳이 이메일을 이용하지 않아도 되고 모든 정보가 투명하게 공유되므로 눈높이를 완벽하게 일치시킬 수 있다.

구글 독스는 문서라는 최종 산출물을 만드는 데 도움을 주고, 슬랙은 그 과정에서 서로의 생각을 나누는 데 도움을 준다. 그런 슬랙과 같은 협업툴은 잔디(JANDI), 지라(Jira), 컨플루언스(Confluence), 트렐로(Trello), 노션(Notion) 등으로 다양하다. 조금씩 기능과 용도가 다르지만 효율적인 업무 협업을 돕는 목적에서는 같은 목표를 지향하고 있다. 이렇게 새롭게 진화되는 툴들을 적극적으로 활용하다 보면 업무 생산성은 늘고 시간 관리는 훨씬 효율화될 것이다.

Foreign Copyright:
Joonwon Lee
Address: 3F, 127, Yanghwa-ro, Mapo-gu, Seoul, Republic of Korea
          3rd Floor
Telephone: 82-2-3142-4151, 82-10-4624-6629
E-mail: jwlee@cyber.co.kr

스마트 워커의 성공과 실패를 결정하는 1% 시간 관리법

2022. 2. 23. 1판 1쇄 인쇄
2022. 3. 3. 1판 1쇄 발행

지은이 │ 김지현
펴낸이 │ 이종춘
펴낸곳 │ (BM) ㈜도서출판 **성안당**

주소 │ 04032 서울시 마포구 양화로 127 첨단빌딩 3층(출판기획 R&D 센터)
      │ 10881 경기도 파주시 문발로 112 파주 출판 문화도시(제작 및 물류)

전화 │ 02) 3142-0036
      │ 031) 950-6300

팩스 │ 031) 955-0510
등록 │ 1973. 2. 1. 제406-2005-000046호
출판사 홈페이지 │ **www.cyber.co.kr**
ISBN │ 978-89-315-5840-1 (03320)
정가 │ 18,000원

이 책을 만든 사람들
책임 │ 최옥현
기획 · 편집 │ 조혜란
진행 · 교정 │ 장윤정
일러스트 │ 곽병철
본문 · 표지 디자인 │ 메이크디자인
홍보 │ 김계향, 이보람, 유미나, 서세원
국제부 │ 이선민, 조혜란, 권수경
마케팅 │ 구본철, 차정욱, 나진호, 이동후, 강호묵
마케팅 지원 │ 장상범, 박지연
제작 │ 김유석

■ **도서 A/S 안내**

성안당에서 발행하는 모든 도서는 저자와 출판사, 그리고 독자가 함께 만들어 나갑니다.
좋은 책을 펴내기 위해 많은 노력을 기울이고 있습니다. 혹시라도 내용상의 오류나 오탈자 등이
발견되면 **"좋은 책은 나라의 보배"** 로서 우리 모두가 함께 만들어 간다는 마음으로 연락주시기
바랍니다. 수정 보완하여 더 나은 책이 되도록 최선을 다하겠습니다.
성안당은 늘 독자 여러분들의 소중한 의견을 기다리고 있습니다. 좋은 의견을 보내주시는 분께는
성안당 쇼핑몰의 포인트(3,000포인트)를 적립해 드립니다.
잘못 만들어진 책이나 부록 등이 파손된 경우에는 교환해 드립니다.